Alltag, Beruf & Co. 2

Lehrerhandbuch

Norbert Becker
Jörg Braunert

Hueber Verlag

Quellenverzeichnis

Seite 52 und 86: Grundrisse: Iris Steiner
Seite 66: Zeichnung: Michael Luz
Seite 80: Batterie: © MHV-Archiv/Stark; alle anderen Bilder Istockphoto
Seite 81: Kopiergerät: MHV-Archiv

3. 2. 1.   Die letzten Ziffern
2014 13 12 11 10   bezeichnen Zahl und Jahr des Druckes.
Alle Drucke dieser Auflage können, da unverändert,
nebeneinander benutzt werden.
1. Auflage
© 2010 Hueber Verlag, 85737 Ismaning, Deutschland
Satz: Catherine Avak, München
Druck und Bindung: Ludwig Auer GmbH, Donauwörth
Printed in Germany
ISBN 978–3–19–241590–6

1 Das Lehrwerk *Alltag, Beruf & Co. (AB&C)* stellt sich vor

2 Methodisch-didaktische Hinweise, Vorschläge zur Unterrichtsgestaltung, Transkripte, Lösungsschlüssel

1 DAS LEHRWERK *ALLTAG, BERUF & CO. (AB&C)* STELLT SICH VOR

1.1 Überblick über das Lehrwerk und seine Teile

Sechs Lernstufen – sechs Bände – drei Niveaustufen

Die Reihe *AB&C* entspricht den Niveaustufen A1, A2, B1 des Gemeinsamen Europäischen Referenzrahmens (GER) und führt zu den Kompetenzniveaus des Goethe-Instituts *(Start Deutsch 1, Start Deutsch 2, Zertifikat Deutsch)* und telc *(telc Deutsch A1, Deutsch A2, Deutsch Beruf A2, Deutsch B1, Deutsch Beruf B1)*. Sie schafft die Grundlagen für das weiterführende *Zertifikat Deutsch für den Beruf*.

Stufe A1				Stufe A2				Stufe B1		
AB&C A1 / 1	**AB&C A1 / 2**	→ Prüfung Start Deutsch 1		**AB&C A2 / 1**	**AB&C A2 / 2**	→ Prüfung Start Deutsch 2 / Deutsch Beruf A2		**AB&C B1 / 1**	**AB&C B1 / 2**	→ Zertifikat Deutsch / Deutsch Beruf B1

Die Einzelbände als integriertes Lernpaket

Kursbuch	Tonteil	www.hueber.de / alltag-beruf	Wörterlernheft	Lehrerhandbuch
• 10 Lektionen à 10 Seiten • Glossar • Abschlusstest	• CD mit den Hörtexten der Lektionen 1–10 • CD zu den Übungen (Hörtexte, Aussprache- und Sprechübungen)	interaktive Übungen für die Arbeit am PC	Lernwortschatz der Lektionen 1–10: • Worteintrag • typischer Kontext • Wortschatzübungen • Platz für muttersprachliche Einträge	• Exkurs • Durchnahmevorschlag Lektion 1–10, Transkripte und Lösungen • 5 Zwischentests • Lösungsschlüssel

Lektionsaufbau

Alle 10 Lektionen haben die gleiche Zusammensetzung und Abfolge:
Unter einer gemeinsamen Thematik, wie zum Beispiel Lektion 5 unter der Überschrift „Wie geht's? Was fehlt Ihnen?" zum Thema Unwohlsein / Krankheit (zu Hause) und Arbeitsunfall (im Betrieb):

• zwei Seiten „Im Alltag"
• zwei Seiten „Im Beruf"
• eine zusammenfassende Seite „Magazin"
• eine Seite Grammatikübersicht und Übersicht über „wichtige Wörter und Wendungen"
Im unmittelbaren Anschluss:
• zwei Seiten Übungen zu „Im Alltag"
• zwei Seiten Übungen zu „Im Beruf" und „Magazin".

1.2 Deutsch für den *A*lltag und Deutsch für den *B*eruf – kann man *A* sagen, ohne *B* zu sagen?

„Berufssprache" ist ebenso wie „Allgemeinsprache" eine terminologische Missgeburt. Doch hat der Begriff „Berufssprache" durch seine oberflächliche Nähe zu „Fachsprache" größeren unterrichtlichen Schaden angerichtet. Deutsch für den Beruf ist ebenso wie Deutsch für den Alltag keine eigene Sprache. Die beiden dienen zwei unterschiedlichen, aber verwandten Verwendungsabsichten der gleichen Sprache.

Kann man A wie **A**lltag sagen, ohne B wie **B**eruf zu sagen? Ja, man kann und in der Regel geschieht es (leider) auch. Aber wenn man Fremdsprachenlerner fragen würde, was sie mit dem Gelernten bezwecken, dann stünden Ausbildung, Weiterbildung und Berufstätigkeit mit großem Abstand an der Spitze der Nennungen. Ein Sprachkurs, der diese Motivationslage übersieht oder der sie zwar sieht, aber übergeht, oder der darauf eingeht, aber nur am Rande, etwa mit ein paar Lesetexten aus der Wirtschaftspresse, ein solcher Kurs sagt eben nicht wirklich B oder sagt es allzu beiläufig.

Während man in einem Sprachkurs für den Alltag nur die unterschiedlichen Vorkenntnisse der Teilnehmer, kaum aber die unterschiedlichen Verwendungsabsichten und schon gar nicht die unterschiedlichen Berufe als hinderlich empfindet, gelten bei einem Sprachkurs für den Beruf die unterschiedlichen Berufe der Teilnehmer als vermeintliches Hindernis bei der Klassenbildung, bei der Unterrichtsgestaltung und bei der Lehrwerksauswahl. Also weicht man in einen „Allgemeinsprachkurs" aus und tröstet sich und die Teilnehmer mit Texten *über* das Berufs- und Arbeitsleben, verengt also Deutsch für den Beruf auf Lesetexte über das Berufs- und Arbeitsleben und vermengt sie mit Fachsprache, die erst recht an den Teilnehmerbedürfnissen vorbeigeht.

- *AB&C* erspart dem Sprachkursveranstalter, dem Lehrer und dem Kursteilnehmer die ausdrückliche Entscheidung für sein berufliches Lernanliegen, die als Entscheidung gegen die „Allgemeinsprache" missverstanden wird.

- *AB&C* erspart den Beteiligten die falsch gestellte und folglich immer falsch beantwortete Frage, ob sie dieses oder jenes nehmen sollen. *AB&C* lehrt *eine* Sprache in zwei Sprachausschnitten, die zwei Verwendungsabsichten bezwecken.

- *AB&C* schließt nicht etwa einen bescheidenen Kompromiss. *AB&C* zieht sich auf keinen kleinsten gemeinsamen Nenner zurück. *AB&C* baut auf der größtmöglichen gemeinsamen Schnittmenge zweier Sprachausschnitte auf, die beide Umgangssprachen sind, die eine für den Alltag, die andere für den Beruf.

- *AB&C* räumt mit der irrigen Vorstellung auf, Deutsch im Alltag sei die Lernvoraussetzung für Deutsch im Beruf. Mit *AB&C* erwirbt der Lerner in einem Zug die sprachliche Handlungsfähigkeit auf zwei verwandten Handlungsfeldern. Insofern ist das Konzept von *AB&C* im vollen Wortsinn aus einem Guss.

- Mit *AB&C* erzielen Lehrer und Lerner mit dem einfachen Aufwand den doppelten Ertrag.

1.3 DAS KONZEPT VON *AB&C*

Mit **AB&C** halten Sie ein **integriertes** und **kompaktes** Lernpaket in der Hand:

- **Integration** von Themen und Sprechanlässen des privaten und des beruflichen Lebensumfelds, denn die Mitarbeit in einem deutschsprachigen Unternehmen setzt sowohl soziale Handlungsfähigkeit im Alltag als auch Handlungsfähigkeit am Arbeitsplatz voraus.

- **Integration** der Fertigkeiten Sprechen, Schreiben, Hören und Lesen mit Schwerpunkt auf den Fertigkeiten Sprechen und Hörverstehen. Insbesondere auf der Stufe A1 sind sie die Grundvoraussetzung für das Leben und Überleben in Alltag und Beruf. Das heißt auch: In *AB&C* geht es nicht um das Sprechen *über* Texte und Themen, sondern um das sprachliche Handeln *in* Situationen des Alltags- und Berufslebens.

- **Integration** von Kurs- und Arbeitsbuch. Den zwei Doppelseiten der Lektion (also der unterrichtlichen, vom Kursleiter moderierten Interaktion) sind jeweils zwei Doppelseiten Übungen zugeordnet (also der sprachlichen Regelbildung gewidmet, die immer auch im häuslichen Selbststudium bearbeitet werden können und gegenüber der Lektion keinen neuen Wortschatz einführen). Sie umfassen Schreibübungen, Hör- / Sprechübungen zum mündlichen Einüben von Sprachmustern und Strukturen, Ausspracheübungen und zusätzliche Hörübungen. Die Übungs-CD erwerben Sie mit dem Kursbuch. Hinweise in der Lektion führen Kursleiter und Teilnehmer sicher zur zugehörigen vertiefenden Übung.

- **Integration** von sprachlichem Lernziel und Bewusstmachung des grammatischen Lernanliegens. Eine Übersicht über den Grammatikstoff ist der Lektion zugeordnet. Auf einen Blick zeigt sie Ihnen und Ihren Teilnehmern das Pensum der jeweiligen Lektion und verdeutlicht das schrittweise Annähern an den betreffenden Ausschnitt des gesamten Regelwerks, das zyklische Wiederaufgreifen und Erweitern des Stoffs. Hinweise in der Lektion zeigen die Stellen im unterrichtlichen Ablauf an, bei denen es ratsam ist, die Grammatikübersichten heranzuziehen (siehe hierzu auch die Exkurse „Lernschritt zur mündlichen Sprachbeherrschung", Seite 69, und „Die grammatische Progression", Seite 26)

Das integrierte Konzept macht die Bände von *AB&C* zu übersichtlichen und kompakten Lernbausteinen. Die zwei Doppelseiten jeder Lektion plus eine Seite *Magazin* plus Grammatikübersicht plus vier Seiten Übungen (= zehn Seiten / Lektion) bieten, je nach Durchnahmeweise (siehe 1.5, Seite 8), Lernstoff für 30–50 Unterrichtseinheiten à 90 Minuten.

1.4 Die Handlungsfelder der beruflichen Kommunikation

In Abschnitt 1.2 haben wir schon gesehen, dass es keine scharfe Abgrenzung zwischen Sprache im Alltag und Sprache für den Beruf gibt. Die sprachliche Handlungsfähigkeit im Alltag und am Arbeitsplatz erreicht man mit gleichen, ähnlichen oder verwandten Sprachmitteln. Allerdings setzt sich der Sprachausschnitt für Alltag und Beruf deutlich von den Sprachmitteln der Fachsprache ab – aber das ist nicht der Gegenstand von *AB&C*, auch wenn Sprache für den Beruf oft mit Fachsprache, insbesondere Fachsprache Wirtschaft / Wirtschaftsdeutsch, vermengt wird.

Worin aber unterscheidet sich dann, bei Betonung der Übereinstimmung von „Allgemein-" und „Berufssprache", *AB&C* von anderen Grundstufen-Lehrwerken?

Wir Autoren haben wiederholt in kleineren, mittleren und Großbetrieben den Sprachbedarf am Arbeitsplatz ermittelt. (Im Einzelnen siehe dazu: Die Handlungsfelder der beruflichen Kommunikation. Bericht über die Erhebung des Sprachbedarfs am Arbeitsplatz, in: Fachsprache. Wien: Braumüller, 3–4 / 2000, S. 153 ff.) Grob zusammengefasst ergaben sich dabei folgende Sprachhandlungsfelder:

	AB&C Band 1 Lektion	Band 2 Lektion
1 *Vorbereitung des beruflichen Einsatzes* Stellenausschreibung, Arbeits- und Aufenthaltserlaubnis, Aus- und Fortbildungsplätze, Vorstellungsgespräch, Qualifikationsmerkmale …		7
2 *Anreise / Dienstreise, Ankunft am Dienstort* Anreisemodalitäten, Ankunft, Begrüßung, Unterbringung …	1, 5	1, 6
3 *Begrüßung, Einführung in den Betrieb* Orientierung im Betrieb, Betriebsstruktur, Funktionseinheiten, Zuständigkeit, Tätigkeiten, Mitarbeiter, Kollegen, Vorgesetzte, Arbeitsordnung …	2, 7	1, 6, 7
4 *Einweisung in den Arbeitsplatz* Funktionsweise, Inbetriebnahme, Einzelteile der Arbeitsgeräte, Arbeitsunterweisung, Arbeitskleidung …	2	2
5 *Arbeitsabläufe / „die tägliche Routine"* Tätigkeitsbeschreibung, Arbeit mit Geräten, Auftragserteilung / Auftragsannahme, Kundenkontakte, Verwalten, Geräte aufstellen, Büro einrichten, Dienstbesprechung, Termine vereinbaren / verschieben / absagen / übernehmen …	3, 6, 8, 9	2, 3, 4, 6, 8, 9
6 *Unterweisung* Einführung in Struktur und Arbeitsweise von Betrieb, Abteilung, Gerät; Vormachen / Erklären / Nachmachen …		2
7 *Störungen, Defekte* Suchen, Feststellen, Melden, Beheben …		8
8 *Sicherheit* Arbeits- und Produktsicherheit		5, 8
9 *Betriebliches Leben* Beförderung, Versetzung, Entlassung, Ruhestand; Betriebszeitung, Öffentlichkeitsarbeit, Kollegengespräche, Betriebsrat, Mitbestimmung, Tarifverträge, Unternehmensnachrichten …	10	10
10 *Soziale Kontakte, Freizeit* Freizeitangebot, Leben am Firmenstandort, Kollegengespräche …	4, 10	10

Diese Übersicht gliedert sich in Sprachhandlungen im Vorfeld des beruflichen Einsatzes (Ziffern 1, 2 und 3), in der betrieblichen Alltagsroutine (Punkte 3–8, insbesondere Ziffer 5 als Kernbereich der Kommunikation am Arbeitsplatz) und Sprachhandlungen, die über den einzelnen Arbeitsplatz und den einzelnen Betrieb hinausgehen (Ziffern 9 und 10).

Wohlgemerkt: Diese Liste ist nicht das Inhaltsverzeichnis des vorliegenden oder irgendeines anderen Bandes von *AB&C*. Es handelt sich vielmehr um eine Merkliste; die sechs Bände unseres Lehrwerks greifen ihre Einzelpunkte in zyklischer thematischer und damit sprachlicher Progression immer wieder auf. Ihr erstes Vorkommen in Band A1 / 1und A1 / 2 ist der obigen Übersicht zu entnehmen.

Nehmen wir aus Ziffer 5 den Unterpunkt „Büro einrichten". Lektion 6 zeigt, dass die Sprachmittel zur Lagebeschreibung (*wohin tun / legen / stellen / hängen / ...*) sowohl in der persönlich-privaten Kommunikation (hier: Umzug) als auch in der dienstlich-beruflichen Kommunikation (hier: Büro einrichten) produktiv sind. Die alltags- und berufsbezogene „Einfärbung" hängt wesentlich davon ab, wer wo mit wem worüber kommuniziert.

Das Beispiel zeigt auch die schrittweise Annäherung an die grammatischen Lernanliegen und ihr zyklisches Wiederaufgreifen: Lektion 6 begnügt sich mit den Angaben auf die Frage *Wohin*. Erst in Lektion 8 „wechseln" die Präpositionen *an, auf, in, zwischen ...* in Verbindung mit den Verben *liegen, stehen, hängen ...* vom Akkusativ in den Dativ. Wir raten dringend, nicht vorzugreifen, sondern diesen Weg nachzuvollziehen. Dieses und andere Lernanliegen hatten in Band 1 ihren ersten Auftritt. Sie werden hier und insgesamt im Rahmen der Lehrwerksreihe *AB&C* erweiternd aufgegriffen. Das ist charakteristisch für die Behandlung von Themen, Redemitteln und Grammatik in der Reihe *AB&C*.

Entgegen unseren grundsätzlichen Feststellungen zeigt sich auch am Beginn des Lernwegs schon, dass einige Sprachhandlungen im beruflichen Umfeld anders realisiert werden als im Alltag. Das beginnt mit der unterschiedlichen Verwendung von *du* und *Sie* und geht bis zu unterschiedlichen Redeweisen zum Beispiel bei privaten und betrieblichen Festen und Feierlichkeiten (Lektion 10). *AB&C* legt Wert auf diese Unterschiede. Mit fortschreitender Progression gewinnen sie an Bedeutung. *AB&C* rät den Kursteilnehmern, sich wo immer möglich des formelleren Registers zu bedienen, bis der deutsche Partner, der Bekannte, der Kollege oder Vorgesetzte einen informelleren Ton anbietet, selbst wenn dieser ihn vorher selbst benutzt.

1.5 Durchnahmevarianten durch Modularisierung

Modular aufgebaute Lehrwerke bieten die flexible Durchnahme, die Zusammenstellung des jeweils eigenen, passenden Curriculums aus dem Lehrwerk, bergen jedoch die Gefahr, dass eine stimmige Progression nicht mehr gewährleistet ist. Das Konzept von *AB&C* löst diese Problematik.
In 1.1 haben wir gesehen, dass alle 10 Lektionen gleich aufgebaut sind. Die Teile „Im Alltag" mit ihrem jeweiligen Übungsteil sind grammatisch und inhaltlich so auf die Teile „Im Beruf" mit ihrem jeweiligen Übungsteil abgestimmt, dass sie einander stützen, entlasten und ergänzen. Das „Magazin", die Grammatik und die zusätzlichen Lernangebote auf der Übungs-CD bilden die inhaltliche und sprachliche Klammer zwischen den beiden Teilen. Diese modularisierte Anlage eröffnet Durchnahmealternativen, die fast jeder Klassensituation, jedem Vorkenntnisstand und jeder Interessenlage Rechnung tragen:

• Durchnahme als Ganzes für Gruppen ohne Vorkenntnisse mit gleichgewichtiger Verwendungsabsicht

• Durchnahme mit Schwerpunkt auf den Teilen „Im Alltag" und „Magazin" für Klassen mit Vorkenntnissen, für Schnelllerner, für Klassen mit überwiegend allgemeiner Verwendungsabsicht

• Durchnahme mit Schwerpunkt auf den Teilen „Im Beruf" und „Magazin" für Klassen mit Vorkenntnissen, für Schnelllerner, für Klassen mit überwiegend beruflicher Verwendungsabsicht

• selektive Durchnahme von Fall zu Fall, also beispielsweise Lektion 3 ganz, Lektion 4 nur Teil „Im Alltag" und „Magazin", Lektion 5 nur Teil „Im Beruf" und „Magazin" ...

• Den vertiefenden Übungsteil können die Kursteilnehmer immer auch als Hausaufgabe bearbeiten. Die Lösungen finden Sie auf den Seiten 81–90 als Kopiervorlagen zur Eigenkorrektur.

1.6 Der Übungsteil jeder Lektion

Dem Punkt **1.1 Lektionsaufbau** und dem Stichwort „Integration" in **1.3 Konzept** konnten Sie schon entnehmen: Was Ihnen in anderen Lehrwerken als Arbeitsbuch bekannt ist, ist in AB&C ins Kursbuch integriert und der Lektion direkt zugeordnet, um die unterrichtliche Benutzung zu erleichtern.

Die Aufgabenstellungen und Übungen der Seiten „Im Alltag" und „Im Beruf" zielen überwiegend auf Vermutungen, Abwägungen und durchaus auch kontroverse Stellungnahmen ab. Ziel ist ein lebendiges Unterrichtsgespräch. Die Verweise in der Lektion laden zum vertiefenden – wiederholenden – erweiternden Einüben des Lektionsstoffes (Sprachmittel, Wortschatz, Aussprache) anhand der Übungen ein. Im Gegensatz zur Lektion sind die Lösungen eindeutig: Ja oder Nein, A oder B, richtig oder falsch. Art und Intensität der Bearbeitung hängt von den Kursbedingungen ab:
- überwiegende Durchnahme im Unterricht;
- selektive und ansatzweise Durchnahme im Unterricht und darüber hinaus in Eigenarbeit;
- vollständige Bearbeitung als Hausaufgabe und Selbstkorrektur. Das ermöglichen die eindeutigen Lösungen, die ins Kursbuch eingelegte Übungs-CD sowie der als Kopiervorlage ausgegliederte Lösungsschlüssel (Seiten 81–90)

1.7 Das Glossar im Kursbuch und das Wörterlernheft

Das **Glossar** ist kein Lerninstrument. Es soll lediglich die im Kursbuch vorkommenden Wörter dokumentieren und auffindbar machen. Bei den Hilfsverben und den Modalverben ist die konjugierte Form mit einem Verweis auf die Seite der betreffenden Grammatikübersicht aufgenommen, ebenso die Formen der Personalpronomen und der Artikel. Bei den häufigen Wörtern sind die ersten drei Vorkommensnachweise belegt. Die Einträge ins Glossar sind folgendermaßen zu verstehen:

obligatorische Ergänzungen
↓

helfen	D	79
betreuen	A	89
antworten	auf A	7, 16, 46
fahren	WOHIN	46, 47, 67

↑
Seitenzahl(en) des Vorkommens

Artikel   Pluralendung
↓   ↓

Teilnehmer / in der / die – / -nen 6, 7, 8

↑
Seitenzahl(en) des Vorkommens

Verben mit trennbarer Vorsilbe
↓
vor.kommen

In Band A1 / 2 kommt das Perfekt und damit das Partizip als neuer Lernstoff hinzu. Deshalb werden die Stammformen der starken und unregelmäßigen Verben (ohne Präteritum) ins Glossar aufgenommen.

Das **Wörterlernheft** ist ein neuartiges Lerninstrument zum Aufbau des Wortschatzes. Es enthält den Lernwortschatz. Dieser wird in thematisch angeordneten Lernportionen präsentiert. Das Wörterlernheft ist grundsätzlich für die Eigenarbeit der Kursteilnehmer gedacht. Siehe hierzu „Wörter lernen mit dem Wörterlernheft", Seite 73.

Lektion 6   Kontext   Übung
↓   ↓

ein.kaufen	● So, und jetzt gehen wir **einkaufen**.	Dora _____ ihre Getränke bei
Einkaufszettel	Das ist der **Einkaufszettel**.	Gutpreis. Häkis _____ nicht bei
kaufen WO	▲ **Kaufst** du bei ALDI oder bei Gutpreis?	Gutpreis. Aber heute tut er es. Es ist schon
kaufen WAS WO	● Getränke **kaufe** ich bei Gutpreis, die anderen Lebensmittel **kaufe** ich bei ALDI.	9 Uhr abends. Er schreibt einen _____ und geht

↑   ↑
thematisch angeordnete Einträge   **Raum für muttersprachliche Einträge**

Sie sollten immer wieder zum Wörterlernen auffordern und im Unterricht Aufgaben stellen, die dazu anregen. Auch dazu bietet das Wörterlernheft Ansätze:
1. Die Kursteilnehmer sollen – jeder für sich – die zehn Wörter im Wörterlernheft suchen und unterstreichen, die sie lernen möchten.
2. Die Kursteilnehmer sollen – jeder für sich – eigene Kontexte schreiben.
3. Die Kursteilnehmer sollen einander „abhören", indem einer das Wort und der andere einen dazu passenden Kontext (und nicht etwa die Übersetzung in seiner Muttersprache) nennt.

4. Die Kursteilnehmer sollen in Gruppen einen Kontext variieren, etwa so: *Ich gehe einkaufen – Du gehst einkaufen. – Gehst du einkaufen? – Bruno und Irene gehen einkaufen. – Wir gehen nicht einkaufen. – ...*

1.8 Die Zwischentests im Lehrerhandbuch und der Abschlusstest im Kursbuch

Die Teilnehmer verlangen immer wieder zuverlässige Fortschrittskontrollen während und am Ende des Kurses. *AB&C* stellt Ihnen die erforderlichen Instrumente zur Verfügung. Die Kopiervorlagen für die **Zwischentests** 1–5 im Lehrerhandbuch (nach Lektion 2, 4, 6, 8, 10) sind gleich aufgebaut. Sie unterstützen die Vorbereitung auf die Prüfung *Start Deutsch 1*, auch wenn die Teile „Grammatik" und „Wortschatz" in dieser Prüfung nicht vorkommen. Es handelt sich dabei ja nicht um Fertigkeiten, wie sie in Sprachtests üblicherweise gefordert werden. Aber Sie und Ihre Teilnehmer möchten auch den Stand ihrer Vokabel- und Grammatikkenntnisse überprüfen. Die Auswertung ist einfach: Ein Punkt pro richtiger Antwort, das Gesamtergebnis hochgerechnet auf die maximale Punktzahl von 100. Darin folgen die Zwischentests und der Abschlusstest dem Bewertungsmaßstab der Prüfungen *Start Deutsch, Zertifikat Deutsch 1* und *2* und *Zertifikat Deutsch B1*. Die Lösungen finden Sie übersichtlich angeordnet ab Seite 92.

Der Abschlusstest, in Form und Inhalt baugleich mit der Prüfung *Start Deutsch 1*. Folglich können Sie Ihren Teilnehmern folgende Auskunft darüber geben, wo auf ihrem Lernwegs sie im Hinblick auf die angebotenen Kompetenzniveaus stehen:

Start Deutsch 1 (nach *AB&C* 1 und 2)	Start Deutsch 2 (nach *AB&C* 3 und 4)	Zertifikat Deutsch (nach *AB&C* 5 und 6)
Gesamtpunktzahl = _____ % (Start Deutsch 1) = _____% x 0,5 (St. Dt. 2) = _____% x 0,33 (ZD)	Gesamtpunktzahl = _____ % (Start Deutsch 2) = _____% x 0,66 (ZD)	Gesamtpunktzahl = _____ %

Im Unterschied zu den Zwischentests bietet der Abschlusstest auch die Materialien zur mündlichen Prüfung. Dazu (und zur Bewertung des Briefs) sollten Sie den Übungssatz / Prüferblätter der Prüfung *Start Deutsch 1* zu Rate ziehen. Weitere Informationen finden Sie in der Broschüre *Goethe-Institut/WBT: Start Deutsch, Deutschprüfungen für Erwachsene* sowie auf den Internet-Seiten des Goethe-Instituts und von telc.

(Siehe hierzu auch den Exkurs „Erfolgskontroll-Tests im Lehrerhandbuch und im Kursbuch" im Lehrerhandbuch von Alltag, Beruf & Co. 1, Seite 73)

1.9 Die CDs: Tonteil und interaktive Übungen

Der Übungsteil ist jeder Lektion direkt angeschlossen. Er ist durchgängig so gestaltet, dass er den Unterricht stützt und ergänzt, zugleich aber auch immer selbstständig außerhalb des Unterrichts, zum Beispiel als Hausaufgabe, bearbeitet werden kann. Dazu gehören auch die CD-gesteuerten Sprech- und Ausspracheübungen. So ist es nur folgerichtig, dass dem Kursbuch die **Übungs-CD** mit den Sprech- und Ausspracheübungen sowie den Hörtexten des Übungsteils beiliegt. Darüber hinaus bietet der Hueber-Internet-Service ein weiteres zeitgemäßes Übungsangebot: interaktive Übungen für die Arbeit am PC. Pro Lektion gibt es 6–10 Multiple-Choice- und Zuordnungsübungen, Lückentexte, Übungen zum Satzbau, Wortschatztraining anhand von Kreuzworträtseln und Memory. Sie finden den Internet-Service unter www.hueber.de/alltag-beruf.

Eine weitere CD enthält die Hörtexte der Lektion. Für den Unterricht ist sie unverzichtbar.

Verwendete Abkürzungen
Ü = Übung(en)   1, 2, 3, ... = Reihenfolge der Übungen des Kernunterrichts
L = Klassenlehrer   A, B, C, ... = Reihenfolge der Übungen des Übungsteils
KT = Kursteilnehmer   LK = Landeskunde
AB = Arbeitsbuch (Übungen)

2 METHODISCH-DIDAKTISCHE HINWEISE

LEKTION 1: SIGMUND HÄBERLE, 29, LEDIG, WIRTSCHAFTSINGENIEUR

Die Artikel und Pronomen

Der Einfachheit halber sprechen wir von „Artikeln" und „Pronomen". Gemeint sind die „Artikelwörter", wie sie in manchen Grammatiken zutreffend bezeichnet werden, und die „Artikelpronomen". Die ersteren stehen vor einem Nomen und gehören zu ihm, die letzteren stehen anstelle eines Nomens und ersetzen es. Jedem Artikel entspricht ein Pronomen, bisweilen in der gleichen, bisweilen in einer etwas oder sehr anderen Form. Und das ist eine der Hauptschwierigkeiten.

Die Artikel und Pronomen sind mit Sicherheit das verzwickteste Kapitel der deutschen Formenlehre. Im Grunde geht es nur um fünf unbetonte, ähnliche und damit verwechselbare Endungen: –, e, en, er, es, em. Das ist der erste Teil des Problems. Der zweite ist die extreme Häufigkeit und gleichmäßige Verteilung. Es ist sehr schwer, die Artikel und Pronomen in kommunikativ sinnvolle Lernportionen aufzuteilen. Zu allem Überfluss sind die Artikel und Pronomen auch noch mit der Adjektivdeklination verwoben, sodass ein kompakter Regelkomplex entsteht, der sich jeglicher Portionierung entzieht. Wir haben uns dazu entschlossen, in *AB&C 1* unverzichtbare Teilsysteme einzuführen, ohne die Gesamtdimension der Regel aufzuzeigen. Wir haben im Hinblick auf Band 2 von einer Ausweitung der noch sehr begrenzten Regelräume abgeraten.

Der Stand nach *AB&C 1*: Nominativ und Akkusativ des bestimmten, unbestimmten und Possessivpronomens sind aufgetreten. Vom Dativ und von der Adjektivdeklination wurden nur sehr begrenzte Teilregeln ohne systematischen Anspruch aufgezeigt. In *AB&C 2* verstärken und verknüpfen wir diese Teilregeln und füllen die Lücken. Die neuen Regelausschnitte sind an kommunikative Redeabsichten angebunden:

Le	Redeabsicht	Regelausschnitt	konkret
1	*Was nehmen? Was brauchen? Was ist schon da? Was ist nicht da?*	bestimmter und unbestimmter Artikel und Demonstrativpronomen; Singular + Plural, Nominativ + Akkusativ, welche_ (Nominativ)	*der, das, die, den (k)ein,(k)eine, (k)einen (k)einer, (k)eins, (k)eine, (k)einen, welche, welches*
3	*Was ist da? Was fehlt? Ist das da? Fehlt das?*	wie 1 + welche (Nominativ und Akkusativ)	*welche*
4	*Was ist vorhanden? Was fehlt?* Erlebnisbericht: *Was gab es da (nicht)?*	Artikel und Pronomen im Nominativ und Akkusativ Nomen ohne Artikel: Papier, Bücher	*der, das, die ein, eine (k)eins, welcher, welche, welches*
6	*Wohin gehört das? Den stellen wir in / auf die …*	lokale Präpositionen mit Akkusativ	*in / auf den, aufs*
7	Auskünfte geben	Personalpronomen und Possessivartikel: Nominativ, Akkusativ, Dativ	*ich, mich, mir meine, unser, Ihren*
8	*Wo ist das? Wohin gehört das? Wohin hast du das getan?*	Artikel und Possessivpronomen mit Wechselpräpositionen	*in dem / meinem …; im in das / mein …; ins*
9	Besitz: *Das gehört mir. Das ist (nicht) meiner.*	Adjektivdeklination nach (un)bestimmtem Artikel, Possessivartikel und *kein_*	*einen blauen …; der grüne …; mein roter …*
10	unspezifisch	Gesamtsystem der Possessivartikel	*mein, -e, -en in deinem, unserer, …*

Das System wächst in Abhängigkeit vom Mitteilungsbedarf, nicht vom Regelumfang, so wie ein Bauvorhaben die Grundstücksgrenzen in die Planung einbezieht, aber nicht zum Planungsziel erhebt. Wir empfehlen: Lassen Sie die Regel entstehen und wachsen. Dazu gibt es im Übungsteil viele schriftliche Übungen, manche Ausspracheübung zur Bewusstmachung und Sprechübungen zur flüssigen Verwendung. Die Übungen im Übungsteil dienen eher der Ertragssicherung. Der Lerner kann die Formen der Artikel und Pronomen vielleicht mithilfe eines Paradigmas aufsagen. Aber nur über eine lange Lernstrecke mit vielen automatisierenden Wiederholungsschleifen lernt er sie sicher und flüssig anwenden. Die Artikel, Pronomen und Adjektive sind noch lange nicht „erledigt".

Durchnahmevorschlag, Transkripte, Lösungen

IM ALLTAG

Vorstellung, Begrüßung, Angaben zur Person: Herkunft, Beruf, Alter, Familienstand – Erwartungen: *ich erwarte, möchte, hätte gern, möchte* + Infinitiv – *Sie* und *du* – Anweisungen – Aufforderungen: *du*-Imperativ

	Lektion	Übungen / Hausaufgaben	interkulturelle LK
Übung 1	KT bilden Gruppen, erheben sich von ihren Plätzen, begrüßen einander und stellen sich vor. Sie benutzen die angegebenen Redemittel; die meisten sind aus *AB&C* Band 1 bekannt.	**A** unterstützt die Übertragung auf andere Situationen, setzt die Aktivität in Gang oder schließt sie ab.	kulturkontrastiver Vergleich • der passenden Form • der passenden Angaben in der privaten, zwanglosen Begegnung: • Was sagt man? • Was sagt man nicht?
Übung 2	Die Diskussion zu Übung 2 kann die Rollenspiele von Ü 1 unterbrechen. Danach können Sie auf gesicherter Basis fortgesetzt werden.		
Übung 3 CD 1, 1–4	Vor dem Hören können die KT die Angaben nach Herkunft, Beruf, Alter und Familienstand sortieren. Nach dem Hören: zusammenhängender Vortrag	**B** und **C** stellen einfache Mittel zur Versprachlichung der Personalangaben in Ü 3 bereit.	Vermutungen zu Tanjas Familienstand.
Übung 4 CD 1, 3	Die Übung greift die Erwartungen aus den Dialogen von Ü 3 auf und macht die Redemittel bewusst. (linke Spalte: Akkusativ-Ergänzung, rechte Spalte: Satzklammer)	**D**: eng geführte thematische Ausweitung, schriftliche Vertiefung mit Schwergewicht auf einschlägigen Funktionswörtern	
Übung 5	Der Gebrauch von *du / Sie* wurde schon in Band 1 thematisiert. Ü 5 greift die Kombination von Vornamen + *Sie* (s. Ü 3) auf und präsentiert vorbereitend den *du*-Imperativ.	**E** verdeutlicht die Aufforderung an Dritte und direkte Aufforderung. Die Sprechübungen **F** und die Aussprache-Übung **G** können ganz oder teilweise im Unterricht oder zu Hause gemacht werden.	• In welcher Situation • gegenüber welchen Personen verwendet man *du / Sie* (z. B. mehrtägige Fahrradtour – einstündige Stadtbesichtigung); im Zweifelsfall: *Sie*, bis das *du* angeboten wird.
Übung 6 CD AB 1–2	Die KT lösen sich möglichst weitgehend vom Buch, gehen in der Klasse umher und geben Anweisungen an wechselnde Partner.		
Übung 7 CD AB 3–4	KT bereiten Notizzettel wie im Beispiel vor und präsentieren vor der Klasse oder vor Gruppen.		

TRANSKRIPT LEKTION

Übung 3:

Nummer 1

● Ich heiße Sigmund Häberle. Ich komme aus Lindau am Bodensee. Ich bin 29 Jahre alt, ledig und habe keine Kinder. Von Beruf bin ich Wirtschaftsingenieur.

▲ Oh, Wirtschaftsingenieur. Interessant.

● Ich arbeite in der Produktentwicklung. Viel Stress! Deshalb fahre ich am Wochenende viel Fahrrad, zum Beispiel um den Bodensee.

▲ Das sind ja 200 Kilometer! Welche Erwartungen hat denn jemand wie Sie, Sigmund, an unsere Tour? Wir fahren ja viel weniger pro Tag.

● Ich hoffe, ich lerne nette, sportliche Leute kennen und wir haben alle viel Spaß miteinander.

Nummer 2

● Ich bin Peter Schweisguth aus Hannover. Ich bin ja schon ein älterer Herr, 62 Jahre alt, Rentner, verheiratet, habe zwei Kinder und auch schon Enkel. Solche Touren wie Herr Häberle kann ich nicht mehr machen. Ich denke, die 300 Kilometer in sechs Tagen nach Wien schaffe ich noch. Aber fahrt bitte nicht so schnell! Oder ihr müsst auf mich warten.

▲ Keine Angst, Herr Schweisguth. Wir fahren nicht zu schnell. Das können wir versprechen, oder? Übrigens, wir sind jetzt eine ganze Woche bei Regen und Sonne zusammen. Also ich schlage auch das „du" vor, einverstanden?

■ Klar! / Sicher. / Genau. / Natürlich. / Gut. / Viel besser so. / …

▼ Also gut, Peter. Und was erwartest du sonst noch?

● Viel Bewegung in frischer Luft, abends ein gutes Bier, gute Gespräche und dann guten Schlaf in der Nacht.

Nummer 3

● Mein Name ist Laura Fröhlich, also, äh, Laura, und das ist Hans, mein Mann. Wir sind beide 34. Ich bin Bürokauffrau. Hans ist Chemiefacharbeiter. Wir kommen aus Godorf, das ist zwischen Köln und Bonn. Was erwarte ich von der Reise? Tja, … ich möchte viel frische Luft, wie Peter, und ein paar Ruhepausen zwischendurch.

▲ Und Sie, Hans?

■ Mmm, also … äh …

● Na, sag doch mal was, Hans.

■ Na ja, ich möchte die Donau kennenlernen. Und die Städte und Dörfer am Weg besichtigen.

Nummer 4

● Ich komme aus Österreich, auch vom Bodensee, wie du, Sigmund. Aus Bregenz, in Vorarlberg. Die Reise ist ein Geschenk von meinen Eltern für mein Jura-Examen. Nach der Reise beginne ich mit der Jobsuche – in Österreich, Deutschland oder in der Schweiz.

▲ Und wie ist dein Name?

● Ach so, ja, entschuldige bitte. Tanja, Tanja Nürnberger, 26 Jahre alt.

■ Und gleich nach dem Examen hast du schon wieder Energie für eine Radtour? Ist man da nicht erst mal müde?

● Nein nein, keine Sorge. Im Gegenteil – ich erwarte Entspannung, gute Erholung und am Abend möchte ich gemütlich mit euch zusammensitzen.

■ Klar, das machen wir. Das ist ja fast das Schönste an unseren Touren. – Danke für die Vorstellungsrunde. Nehmt jetzt bitte eure Fahrräder und bringt sie zum Bus. Die anderen kommen auch gleich. Mit dem Bus fahren wir jetzt ungefähr 30 Kilometer zum Start. Vergesst eure Helme nicht.

● Toni, entschuldige bitte, ich habe keinen. Ich möchte auch keinen tragen.

■ Tanja, sei so gut, setz einen Helm auf. Ein Helm muss sein. Wir haben hier welche. Nimm dir einen. Ich glaube, der hier passt. Fahr nicht ohne Helm. Das ist zu gefährlich.

● Okay, okay.

TRANSKRIPT ÜBUNGEN

Übung F a)

● Soll ich heute kommen?
▲ Ja, komm heute.
● Soll ich den Helm nehmen?
▲ Ja, nimm den Helm.
● Soll ich alles machen?
▲ Ja, mach alles.
● Soll ich nach Wien fahren?
▲ Ja, fahr nach Wien.
● Soll ich bis sechs arbeiten?
▲ Ja, arbeite bis sechs.
● Soll ich im Büro warten?
▲ Ja, warte im Büro.
● Soll ich noch hier bleiben?
▲ Ja, bleib noch hier.

Übung F b)

● Sollen wir heute kommen?
▲ Ja, kommt heute.
● Sollen wir den Helm nehmen?
▲ Ja, nehmt den Helm. usw. (siehe oben, Übung a)

Übung G

a) 1. Schließ die Tür. 2. Welche Nummer ist das? 3. Mein Name ist Nürnberger. 4. Die Gruppe kommt. 5. Bitte begrüßen Sie die Leute. 6. Sie bleiben eine Stunde. 7. Seid pünktlich. 8. Ich fahre nach Zürich. 9. Nimmst du den Bus? 10. Ich nehme den Zug.

b) Schließ die Tür. – Welche Nummer ist das? – Mein Name ist Nürnberger. – Die Gruppe kommt. – Bitte begrüßen Sie die Leute. – Sie bleiben eine Stunde. – Seid pünktlich. – Ich fahre nach Zürich. – Nimmst du den Bus? – Ich nehme den Zug.

LÖSUNGEN LEKTION

Übung 2: Nummer 2, weil es um eine informelle Begegnung geht.

Übung 3: S. Häberle: Lindau, Wirtschaftsingenieur, 29 Jahre, ledig – P. Schweisguth: Hannover, Rentner, 62 Jahre, verheiratet – L. Fröhlich: Godorf, Bürokauffrau, 34 Jahre, verheiratet – H. Fröhlich: Godorf, Chemiefacharbeiter, 34 Jahre, verheiratet – T. Nürnberger: Bregenz, Juristin, 26 Jahre, keine Angabe zum Familienstand, vermutlich ledig

Übung 4: Entspannung, Erholung, gemütlich zusammensitzen: Tanja Nürnberger – auch mal eine Pause: Laura Fröhlich – Bewegung in frischer Luft: Peter Schweisguth, Laura Fröhlich – viel Spaß, nette Leute kennenlernen: Sigmund Häberle – Donau kennenlernen, Städte u. Dörfer besichtigen: Hans Fröhlich – abends ein gutes Bier: Peter Schweisguth

Übung 5: Sie: b, d, g, l – du: a, c, e, f, h, j, k; Vorname: c, d, i ; Familienname: g, l

Übung 6, 7: Siehe Lösungsbeispiele im Kursbuch

IM BERUF

Vorstellung, Begrüßung, Angaben zur Person im dienstlichen Bereich: Herkunft, Firmenzugehörigkeit, Tätigkeit / Zuständigkeit – Erwartungen: *ich erwarte, möchte, hätte gern, möchte* + Infinitiv – Pronomen *(k)ein_, (k)eins, (k)eine, welche* (Nominativ und Akkusativ)

	Lektion	Übungen / Hausaufgaben	interkulturelle LK
Übung 8	KT erheben sich von ihren Plätzen, begrüßen einander und stellen sich vor. Sie benutzen die angegebenen Redemittel; die meisten sind aus *AB&C* Band 1 bekannt.	**H** kann den Einstieg in die Aktivität unterstützen oder kann sie abschließen. **I** ist vorwiegend Hausaufgabe.	kulturkontrastiver Vergleich der passenden Form der passenden Angaben im beruflichen Kontakt: Was sagt man? Was sagt man nicht? Wie / wann überreicht man Visitenkarten?
Übung 9 CD 1, 5–6 und 7	Übung 9 a) und b) beziehen sich „spiegelverkehrt" auf die beiden Beispiele Ü 2 Seite 6: KT erkennen den formellen Ablauf als angemessen.	**J** kann zu 9 d) überleiten: Vor dem Hören: *Welche Erwartungen finden Sie in den Punkten 1–13?*	
Übung 10 CD AB 5	Knüpft am von Doppelseite 6 / 7 und der Vorstellung S. 8 bekannten S. Häberle an. KT übernehmen die Rolle von Frau Shiva und Herrn Zimmermann, stellen sich Gruppen vor. Berufstätige KT bringen schrittweise ihre eigenen Daten ein.	Vor / während / nach der Partnerübung 10 dient die schriftliche Übung **K** zur Entlastung. **L** bietet den Anlass, die Aussprache in Ü 10 einzubeziehen.	Visitenkarten: Wann üblich? In welcher Situation übergeben? Wie übergeben?
Übung 11 Notizzettel für alle KT vorbereiten CD AB 6–7	Übung 11 führt den Handlungsfaden der Seiten 6 / 7 und 8 / 9 zusammen: Was brauchen die Teilnehmer für ihre Vorhaben? Was ist da / nicht da? → Einstieg in die Einübung der Artikelwörter und Pronomen, die sich über die Lektionen 1–10 erstreckt (siehe Seite 11).	Die Lückentexte **M** stützen die mündliche Übung 11 (wahrscheinlich hauptsächlich als Hausaufgabe) und bereiten die Sprechübungen **N** vor.	
Übung 12	Die Anwendungsübung 12 bietet den KT die Möglichkeit ihre eigenen Interessen einzubringen. Je lebendiger die Inszenierung ist, umso größer wird der Lernerfolg.		

TRANSKRIPT LEKTION

Übung 9 a) / b)

Nummer 1
Hallo, ich bin der Sigmund, Sigmund Häberle. Sind alle da? Ja? Also dann: Willkommen bei Syncron-Tec. Ich bin hier der zweite Mann in der Produktentwicklung. Studiert habe ich Wirtschaftsingenieur. Ich arbeite hier schon ein paar Jahre. In den nächsten zwei Tagen haben wir sicher viel Spaß zusammen. Das Wetter ist ja super. Ach ja, das hier ist Monika Pilz, meine gute Kollegin.

Nummer 2
● Guten Tag, meine Dame, guten Tag, meine Herren. Mein Name ist Sigmund Häberle. Ich bin stellvertretender Leiter der Produktentwicklung … Meine Karte.
▲ Danke. / Vielen Dank. / Danke, Herr Häberle / …
● Im Namen der Geschäftsführung möchte ich Sie herzlich im Hauptwerk von SyncronTec willkommen heißen. Ich möchte Ihnen auch meine Mitarbeiterin vorstellen. Frau Monika Pilz ist im Kundenservice für unsere Besucher zuständig. Wir wünschen Ihnen einen interessanten Aufenthalt.

Übung 9 c) und d)

- Vielen Dank für Ihre freundliche Begrüßung, Herr Häberle. Wir haben bestimmt interessante Gespräche bei Ihnen. – Mein Name ist Kurt Unterberg, Professor für Fahrzeugtechnik an der Fachhochschule Berlin. Ich möchte Ihnen Frau Dr. Indira Shankar aus Mumbai, Indien vorstellen. Frau Shankar ist Fertigungsingenieurin bei Shiva Automotive Industries und möchte die Fertigung bei SyncronTec besichtigen.
- ▲ Freut mich, Frau Dr. Shankar.
- ◆ Angenehm.
- Und das ist Herr Jonathan Okanga aus Lagos, Nigeria. Er ist als Berater für Verkehrsplanung und Logistik tätig. Er hätte gern Informationen über Ihre neuen Motorsteuerungen zur Verbesserung der Emissionswerte.
- ▲ Freut mich, Herr Okanga.
- ◆ Angenehm.
- Und Herr Joachim Zimmermann von der Beermann AG Luzern.
- ▲ Freut mich, Herr Zimmermann.
- Herr Zimmermann ist bei Beermann für die Qualitätskontrolle zuständig und betreut Herrn Okanga und Frau Shankar auf ihrem Europabesuch.
- ▼ Und ich möchte natürlich gern auch Ihr Qualitätsmanagement kennenlernen.
- ▲ Ihr Interesse an SyncronTec und an unseren Produkten freut mich. Hier ist Ihr Besuchsprogramm. Außerdem habe ich einige Unterlagen über unser Unternehmen für Sie. Die gebe ich Ihnen später. Jetzt gehen wir kurz in die Fertigung und in die Entwicklung. Da stelle ich Ihnen Ihre Gesprächspartner vor. Da müssen Sie einen Arbeitsmantel tragen. Außerdem brauchen wir noch Ihre Besucherausweise.

TRANSKRIPT ÜBUNGEN

Übung L a)

Begrüßung bei Firma Wäggeli – die Brüder, Söhne und Töchter von Peter Fröhlich – Sie können wählen: früh oder spät? – Schöne Grüße und herzliche Glückwünsche zum Jubiläum. – Zum Frühstück Brötchen, Käse, Müsli mit Früchten. – Sigmund Häberle und der Geschäftsführer Österreich. – Mittagsmenü: zwei Bratwürste mit Gemüse und Püree. – Stündlich fünf Stück – täglich zwölf Stück – wöchentlich fünfundfünfzig Stück

Übung N a)

- Haben Sie noch einen Schutzhelm?
- ▲ Ja, hier ist einer.
- Haben Sie noch einen Prospekt?
- ▲ Ja, hier ist einer.
- Haben Sie noch eine Tragetasche?
- ▲ Ja, hier ist eine.
- Haben Sie noch ein Brötchen?
- ▲ Ja, hier ist eins.
- Haben Sie noch eine Karte?
- ▲ Ja, hier ist eine.
- Haben Sie noch Unterlagen?
- ▲ Ja, hier sind welche.
- Haben Sie noch ein Glas?
- ▲ Ja, hier ist eins.
- Haben Sie noch einen Platz?
- ▲ Ja, hier ist einer.

Übung N b)

- Haben Sie noch einen Schutzhelm?
- ▲ Nein, ich habe keinen mehr.
- Haben Sie noch einen Prospekt?
- ▲ Nein, ich habe keinen mehr.
- Haben Sie noch eine Tragetasche?
- ▲ Nein, ich habe keine mehr.
- Haben Sie noch ein Brötchen?
- ▲ Nein, ich habe keins mehr.
- Haben Sie noch eine Karte?
- ▲ Nein, ich habe keine mehr.
- Haben Sie noch Unterlagen?
- ▲ Nein, ich habe keine mehr.
- Haben Sie noch ein Glas?
- ▲ Nein, ich habe keins mehr.
- Haben Sie noch einen Platz?
- ▲ Nein, ich habe keinen mehr.
- Haben Sie noch Kaffee?
- ▲ Nein, ich habe keinen mehr.

LÖSUNGEN LEKTION

Übung 9: a) Nummer 2, weil es um eine formelle Begrüßung geht.; b) Angaben zu: Name (Sigmund Häberle, Monika Pilz), Alter (keine Angabe), Herkunft (keine Angabe), Firma (SyncronTec), Beruf (Wirtschaftsingenieur), Funktion (stellvertretender Leiter der Produktentwicklung, Mitarbeiterin im Kundenservice); c) Professor Unterberg; d) A-6 / 8 / 10, B-4 / 5 / 11, C-7 / 9 / 12, D1 / 2 / 3 / 13

MAGAZIN

Bedeutung von Familiennamen, regionale Herkunft von Familiennamen, Familiennamen als Spiegel historischer und aktueller Migrationsbewegungen in den deutschsprachigen Ländern

	Lektion	interkulturelle LK
Übung 13	Die KT können sicher nur einzelne Namen zuordnen. L muss einhelfen (Hinweise dazu siehe unten, Lösungen) und auch bei einer eventuellen Internet-Recherche Hilfe leisten. Bei Zuordnung von Berufsbezeichnungen (s. „30 häufigste Familiennamen" u. a.): ausnahmsweise Wörterbuch heranziehen. Nicht alle Namen müssen zugeordnet werden, Zweifelsfälle können stehen bleiben.	Herkunft, Bedeutung und Form der Familiennamen in D-A-CH im Vergleich zu den Herkunftsländern der KT
Übung 14 CD 8	Teilnehmer eines Seminars verdeutlichen anhand ihrer Namen die multinationale Herkunft.	

TRANSKRIPT LEKTION

Übung 14

● Also nochmal herzlich willkommen in unserem Seminar „Verhandeln und Präsentieren". Zu Beginn schlage ich eine kurze Vorstellungsrunde vor. Mein Name ist Elenor Krtschil.

▲ Entschuldigung, wie war der Name?

● Krtschil. Ja ja, ich weiß – sieben Konsonanten und ein Vokal. Aber so schwer ist das gar nicht. Man spricht Kirtschil. In Kroatien ist das ein ganz normaler Name. Meine Großeltern haben ihn vor 40 Jahren nach Deutschland mitgebracht. – Zusammen mit meinem Kollegen Pirmin Hürlimann leite ich das Seminar in den nächsten zwei Tagen.

■ Ja, Salü, Elenor hat es schon gesagt, Pirmin Hürlimann ist mein Name. Geboren bin ich im Kanton Thurgau. Ich arbeite schon lange in Deutschland.

◆ Und ich bin der Hassan Atabay. Ich wohne und arbeite in Berlin. Aber ich bin kein echter Berliner. Ich komme aus Hannover. Ich bin erst nach dem Abitur und dem Studium nach Berlin gekommen.

● Danke, Herr Atabay. Und jetzt Frau … äh ….

▼ … Wawrzyniak; Karola Wawrzyniak. Ich komme aus Frankfurt an der Oder, da unten an der polnischen Grenze. Meine Familie stammt aus Polen, man sieht es ja am Namen. Aber wir haben nie in Polen gewohnt.

▲ Ich kenne einen Klaus Wawrzyniak aus Düsseldorf. Ist das Ihr Bruder?

▼ Nein, den kenne ich nicht.

▲ Na ja, es gibt sicher viele mit dem Namen. Mein Name ist Thomas Myer [Meier].

✳ Also ein echter Deutscher, oder?! Mit dem Namen!

▲ Ja und nein. Also meine Eltern kommen aus Köln. Ungefähr 1955 sind sie in die USA gegangen. Meier – M – e – i – e – r – war ihr Name. Und jetzt ist es eben Myer – M – y – e – r, englisch eben.

✳ Und ich heiße Kurt El Kotani.

❖ Kurt L. – Kurt Lothar, Ludwig, Leopold oder so?

✳ Nein, das ist anders. Der Familienname ist El Kotani. Das ist ein arabischer Name. Mein Vater ist Syrer, nein, falsch: Er ist Deutscher. Aber er kommt aus Syrien.

❖ Ich heiße Häberle, Sigmund Häberle.

✳ Ach, jetzt auch noch ein Schwabe! Pfleiderer, Emminger, Hämmerle, Schäuble, Häberle! Aus Stuttgart?

❖ Nicht ganz, aber fast. Ich wohne am Bodensee, also in Süddeutschland, aber nicht in Schwaben.

▼ Mein Name ist Kapyschewa Ludmilla. Ich bin Hamburger … Hamburgerin, also ich komme aus Hamburg und …

LÖSUNGEN LEKTION

Übung 13:

Woher stammt der Name: Beruf: Mosbauer, Zimmermann; Herkunft: Nürnberger; Lage der Wohnung: Mosbauer (?), Unterberg; Eigenschaft: Fröhlich; Vorname des Vaters oder der Mutter: –
Deutsche Namen-Hitparade: Beruf: 1–14, 17, 20, 22, 23, 26, 28, 30; Herkunft: 10, 18, 23; Lage der Wohnung: 10, 23; Eigenschaft: 15, 18, 19, 21, 24, 25, 29; Vorname des Vaters oder der Mutter: 16, 27, Beruf des Vaters: 28 (Genitiv: der Sohn des Schmieds)
Woher kommen diese Namen?
Regionale Herkunft: Schweiz: Jäggi, Bönzli, Bölli … – Bayern / Österreich: Mooshammer, Mosbauer, Huber, Schwarzenegger … – Baden-Württemberg / Schwaben: Häberle, Bölli … – Norddeutschland: Hansen, Friedrichs … (Vorname des Vaters / der Mutter) – Einwanderung aus Polen (im 19. Jahrhundert ins Ruhrgebiet): Borowski, Wiczorek … – aktuelle Immigration: Vukovic, Öztürk, El Kurdi, Rivera, Wang …

Übung 14: Krtschil (kroatisch, aus Deutschland), Hürlimann (schweizerisch, aus der Schweiz), Atabay (arabisch, aus Deutschland), Wawrzyniak (polnisch, aus Deutschland), Myer (deutsch, amerikanisiert, aus USA), El Kotani, (arabisch, aus Deutschland), Häberle (süddeutsch, aus Deutschland), Kapyschewa (russisch, aus Deutschland)

LEKTION 2: PASS AUF! HÖR ZU UND MACH ES NACH!

Die Einstiegsübungen am Anfang jeder Doppelseite

Aus anderen Lehrbüchern kennen Sie wahrscheinlich den Einstieg in eine neue Lektion anhand von Hörtexten, Wortschatzübungen, Zuordnungen von Text-Bild-Collagen und ähnlichen Rezeptionsübungen („Input", „Stimulus"). In diesem Sinn könnte man Übung 1, Lektion 2, Kursbuch Seite 16 als Zuordnungs- übung der vorgegebenen Wörter zu den Abbildungen verstehen. Aber *AB&C* geht einen anderen Weg. „Unvorbereitet" fordert die Übung von den KT, Anweisungen aus dem Unterrichtsalltag zu erteilen und zu bestätigen und damit auch den Gebrauch von Verben mit trennbarer Vorsilbe. Dieses zentrale Lernan- liegen von Lektion 2 ist neu. Ist es aber nicht ein Dilemma, von den KT produktive Handhabung einer Sprachhandlung zu erwarten, die sie erst am Ende der Doppelseite (vorläufig) beherrschen können?

Zum einen sind die KT so „unvorbereitet" nicht, wie man meinen möchte:
- Täglich haben sie von Ihnen gehört: *Schlagen Sie Seite xy auf. / Hören Sie zu und schreiben Sie mit. / Passen Sie bitte auf / ....* Sie können davon ausgehen, dass Ihre KT diese Anweisungen verstehen, ohne dass sie sich über die Struktur im Klaren sind.
- In der vorhergehenden Lektion wurden gerade Anweisungen im Imperativ wiederholt und um die *du*-Form erweitert.
- Die hier wichtige Satzklammer ist ebenfalls aus *AB&C* Band 1 (in Zusammenhang mit den Modalverben) bekannt und eingeübt.

Hier wie überall können sich die KT also auf Vorwissen stützen, das im Sinn einer durchdachten Progressi- on erweitert wird, in diesem Fall um die Struktur *Gut, ich schreibe das auf*. Diese geringfügige Erweiterung mag zu einer – kalkulierten und gewollten – Sprechnot führen. Das Ringen mit der Sprache sollen die KT nicht als persönliches Scheitern oder als Mangel des Unterrichts(materials), sondern als Normalfall erfah- ren. Der beherzte Umgang mit bekannten, teilweise bekannten und noch unbekannten Sprachmitteln kann und soll hier erprobt werden.

Wir sind davon überzeugt, dass der erfolgreichere Weg darin besteht, nicht das Unbekannte zu betonen, sondern mit dem Vertrauten zu wirtschaften. Das heißt, wir machen es ebenso wie in der Lehrwerkstatt (der Auszubildende beginnt mit der Arbeit an einem Werkstück, der Ausbilder beobachtet und korrigiert behutsam), auf dem Sportplatz (die Trainingseinheit beginnt mit einem Lauf, mit einem Übungsspiel und nicht mit Erklärungen zum Regelwerk) oder im Musikunterricht (um Tempi und Variationen einzuüben, spielt der Schüler zum Auftakt die in der Vorwoche eingeübte Etude).

Zum anderen bedeutet Sprechnot, dass die angestrebte Flüssigkeit und Richtigkeit der Äußerung in dieser Phase des Unterrichts nicht zu erwarten ist. Im Laufe der Arbeit mit *AB&C* wächst Ihr Vertrauen und das Ihrer Teilnehmer darauf, dass die Folgeübungen das Lernziel modellhaft präsentieren, die zugrunde liegenden Regeln bewusst machen und mündlich und schriftlich einüben. Im Einstieg kann sich deshalb Ihre Rolle darauf beschränken, die Interaktion zwischen den Teilnehmern auszulösen. Setzen Sie an die Stelle der oben erwähnten Ausbilder, Fußballtrainer und Musiklehrer die Lehrkraft im Deutschkurs, dann demonstriert das Ihre Rolle: Sie setzen mit einer praktischen (sprachlichen) Tätigkeit ein, beobachten ihren Verlauf und greifen nur ein, wenn die Tätigkeit ins Stocken zu geraten droht oder in eine falsche Richtung läuft. Grammatikerklärungen verschieben Sie auf die nachfolgenden Übungen.
Ermuntern Sie die KT, frei in der Klasse umherzugehen und sich wechselnde Partner zu suchen. Lassen Sie ihnen Zeit und Gelegenheit, sich zu orientieren und zu probieren. Vertrauen Sie der Selbstregulierung z. B. durch Partnerkorrekturen in der Interaktion. Ziehen Sie sich – auch räumlich – möglichst zurück. Widerste- hen Sie der Versuchung, auf Fragen der Teilnehmer nach Wortbedeutungen vorschnell zu antworten. Einen ordnenden Abschluss findet diese Aktivität in Übung A, Seite 22.

Die Doppelseiten folgen einem Rhythmus
- von probierendem **Ausüben** (einer ganzheitlichen Sprachhandlung) im Einstieg
- über das **Einüben** (von Regeln, Wörtern, Lauten) im Mittelteil der Doppelseite
- zum flüssigen, erweiterten **Ausüben** der Sprachhandlung im Ausstieg (Anwendung).

Durchnahmevorschlag, Transkripte, Lösungen

IM ALLTAG

Unterrichtskommunikation: Arbeitsanweisungen erteilen und verstehen – Fahrplanangaben versprach-
lichen, Besuchsvorbereitungen beschreiben, Anweisungen geben – Verben mit trennbarer und untrennbarer Vorsilbe

	Lektion	Übungen / Hausaufgaben	interkulturelle LK
Übung 1	L beginnt den Unterricht mit einigen alltäglichen Anweisungen: *Können Sie bitte das Buch aufschlagen? Öffnen Sie das Buch auf Seite 16. Ich lese Ihnen Übung 1 vor. Hören Sie zu.* … Dann wendet er sich an einzelne KT: *Lesen Sie bitte die Überschrift vor. Schreiben Sie die Wörter rechts an die passenden Abbildungen.* … Allmählich übernehmen die KT ihre Rollen.	**A:** Semantisierung der zum Teil bekannten Verben, die nun in den aktiven Wortschatz eingehen sollen. Falls erforderlich, (teilweise) im Unterricht, sonst als Hausaufgabe.	unterschiedliche Unterrichtserfahrungen • im Heimatland – im Ausland • in der Schule – im Sprachkurs
Übung 2 CD 1, 9 Abbildung Ü 2 als Projektions- folie oder Tafelanschrieb	Der „Tafelanschrieb" macht den in Ü 1 schon probeweise benutzten Satzbau bewusst. Als zusätzliche Entlastung kann ein KT oder L beim Hören die Erklärungen an der projizierten Abbildung oder an der (von L vorbereiteten) Tafel demons- trieren. Auch die Fragen a) – d) verbinden Hörverstehen und Be- wusstmachung der Grammatik.	**B** nimmt noch einmal Verben der Unterrichts- kommunikation auf. Das bietet (anknüpfend an Ü 1 d) den Anlass, sich die Verben mit trennbarer / untrenn- barer Vorsilbe in der Grammatikübersicht S. 21, 1 anzusehen.	
Übung 3	Die angedeutete Tabelle können die KT im Heft oder gemeinsam an der Tafel entwickeln. Sie veranschaulicht die Satzbauregeln, die schon im Zu- sammenhang mit den Modalverben bekannt sind. L knüpft am besten an den Beispielen Ü 1 und Ü 2 an.	**C** wendet den Ansatz von Ü 3 auf Sätze mit Modalverb und auf Imperativsätze an. Einem Hinweis auf die Grammatikübersicht 2, S. 21 folgt …	
Übung 4 CD AB 8 CD AB 9	a) Die KT erarbeiten die Auskunft auf die Anfrage. b) Partnerarbeit: Die KT benutzen den Fahrplanausschnitt und tragen weitere Verbindungen von der Schifflände zum Rheinfall vor.	… Sprechübung **D**. **E** stützt das Anliegen von Ü 4 vorbereitend oder begleitend. Die Hörübung **F** können KT zu Hause machen …	Tourismusattraktion Rheinfall – größter europäischer Wasser- fall (http://de.wikipe- dia.org/wiki/Rheinfall; www.rheinfall.ch)
Übung 5	KT sammeln das Grammatik- und Vokabelinventar der Doppelseite, bevor sie es in der Transferübung in einem etwas anderen Handlungsbe- reich anwenden.	… oder sie nutzen die Lösungen für erste Einträge in Ü 5.	
Übung 6	Gruppen erarbeiten einen Plan und tragen ihn sich gegenseitig vor. Dann beauftragen sie andere KT mit der Ausführung des Plans.	**G** kann den 2. Schritt von Ü 6 in Gang setzen oder den Unterricht spielerisch abschließen.	

TRANSKRIPT LEKTION

Übung 2
- ● Ich verstehe das immer noch nicht. Kannst du das bitte noch einmal erklären?
- ▲ Das ist doch einfach. Also pass mal auf. Die meisten Verben haben keine Vorsilbe, wie zum Beispiel „lesen", „schreiben", „hören". Oder sie haben eine Vorsilbe, aber die ist nicht trennbar, zum Beispiel, „beantworten" oder „erklären". Sieh dir die Beispiele an der Tafel an.
- ● Ja ja, das ist ja klar.
- ▲ Gut. Es gibt aber viele Verben mit Vorsilben wie „vor", „ein", „an", „ab" und so weiter. Hier ist die Vorsilbe betont, also zum Beispiel „vorlesen" anders als beim Verb „erklären". „Vorlesen" hat natürlich eine andere Bedeutung als „lesen". Zum Beispiel: „Ich lese ein Buch." und „Frau Müller liest den Kindern ein Buch vor." Das bedeutet: Frau Müller liest laut und die Kinder hören zu.
- ● Okay, aber …
- ▲ Moment, warte. Lies mal das dritte Beispiel an der Tafel vor.
- ● „Diese Frage kann ich nicht beantworten."
- ▲ Also, hier haben wir das Modalverb „kann" in Position 2 und den Infinitiv „beantworten" am Ende. Moment, ich unterstreiche die beiden Verben. Siehst du? Das kennen wir ja schon.
- ● Aaaaah, klar. Hier ist es genauso. Man kann sagen: „Sie müssen A, B oder C ankreuzen", Modalverb in Position 2. Infinitiv am Ende. Aber: „Ich kreuze A, B oder C an." Da ist das Hauptverb in Position 2 und die trennbare Vorsilbe steht am Ende. Warte, ich unterstreiche das. So!
- ▲ Genau! Gut. Am besten schreiben wir die Beispiele ab und tragen sie in eine Tabelle ein.

TRANSKRIPT ÜBUNGEN

Übung D
- ● Du musst die Sätze abschreiben.
- ▲ Gut, ich schreibe die Sätze ab.
- ● Du musst genau zuhören.
- ▲ Gut, ich höre genau zu.
- ● Du musst die Angaben eintragen.
- ▲ Gut, ich trage die Angaben ein.
- ● Du musst den Termin absagen.
- ▲ Gut, ich sage den Termin ab.
- ● Du musst Frau Brenner anrufen.
- ▲ Gut, ich rufe Frau Brenner an.
- ● Du musst übermorgen mitarbeiten.
- ▲ Gut, ich arbeite übermorgen mit.
- ● Du musst die Besucher vorstellen.
- ▲ Gut, ich stelle die Besucher vor.
- ● Du musst den Bericht vortragen.
- ▲ Gut, ich trage den Bericht vor.

Übung F
- ● Du, Sibylle, ich habe die Fahrplan-Information gerade auf dem Bildschirm. Wir können in Basel um 9.04 Uhr oder um 9.12 Uhr abfahren. Ich schlage vor, wir nehmen den ersten Zug, 9.04 Uhr ab Basel SBB. Dann sind wir um 19.34 Uhr in Wien.
- ▲ Müssen wir umsteigen?
- ● Ja, zweimal mit dem Zug um 9.12 Uhr. Mit dem Zug um 9.04 Uhr nur einmal in Frankfurt.
- ▲ In Frankfurt?? Das geht ja nach Norden! Erwin, gibt es keine Verbindung durch die Schweiz? Sieh doch noch einmal richtig nach!
- ● Ja, es gibt einige Züge. Aber die Abfahrt ist sehr früh, man muss oft umsteigen und die Fahrt dauert auch über zehn Stunden. Für uns ist der ICE 9.04 Uhr ab Basel am günstigsten. Der kommt um 11.53 Uhr in Frankfurt an. Zum Umsteigen haben wir genug Zeit, warte mal … 25 Minuten, das ist gut so. Um 12.18 Uhr geht es dann direkt weiter nach Wien Westbahnhof. Da kommen wir um 19.34 Uhr an.
- ▲ Zehneinhalb Stunden! Das dauert aber lange!
- ● Ja, aber mit dem Auto geht es auch nicht schneller. Das dauert eher länger. Oft müssen wir durch Städte fahren. Und denk an die Staus. Und Pausen müssen wir auch mal machen.
- ▲ Na gut, dann nehmen wir den Zug.

LÖSUNGEN LEKTION

Übung 2: a) Die Wortstellung in Hauptsätzen mit Verben mit trennbarer Vorsilbe. – b) Ja, gut und richtig. – c) Verben ohne trennbare Vorsilbe: lesen, schreiben, hören, beantworten, erklären, (die Kursteilnehmerin benutzt auch: unterstreichen) – Verben mit trennbarer Vorsilbe: vorlesen, zuhören, ankreuzen, (die Kursteilnehmerin benutzt auch: aufpassen, ansehen, abschreiben, eintragen) – d) Die trennbaren, hier: auf, an, vor, zu, ab, ein.

Übung 3: siehe Lösungsbeispiele im Kursbuch

Übung 4: a) Lösungsbeispiel: … in Bus 5 ein. Der kommt um 8.38 Uhr am Bahnhof an. Da steigt ihr in die S-Bahn um. Die fährt um 8.46 Uhr ab. Ihr kommt um 8.51 Uhr am Rheinfall an. Dort steigt ihr aus. Ihr könnt gegen zwölf nach Schaffhausen zurückfahren. Dann kommt ihr rechtzeitig zum Mittagessen in Schaffhausen an. Die Fahrt dauert nur ungefähr eine Viertelstunde. – b) Lösungsbeispiel: Ihr könnt auch den Bus um 9.13 Uhr nehmen. Der kommt um 9.18 Uhr am Bahnhof an. Da steigt ihr in die S-Bahn ein. Die fährt um 9.21 Uhr ab. Um 9.26 Uhr kommt ihr am Rheinfall an. Da steigt ihr aus.

Übung 5: Ich muss um 8.33 Uhr einsteigen. Ich steige um 8.33 Uhr ein. Steigen Sie bitte um 8.33 Uhr ein. – Ich muss die richtige Lösung ankreuzen. Ich kreuze die richtige Lösung an. Kreuz die richtige Lösung an. – …

IM BERUF

Geräte in Betrieb nehmen und bedienen: Bedienungsanweisungen erteilen und verstehen – Verben mit trennbarer und untrennbarer Vorsilbe – aktiv zuhören: Nachfragen, Verständnis signalisieren

	Lektion	Übungen / Hausaufgaben	interkulturelle LK
Übung 7 Projektions-folie: Abbildungen Kopiergerät und Redemittel	Der Einstieg verläuft ähnlich wie in Ü 1, S. 16. Die Reihenfolge der Bedienungsschritte kann zunächst unberücksichtigt bleiben. Gibt es in der Nähe ein Kopiergerät? Dort könnten sich die KT einander in die Bedienung einweisen. Anderenfalls behelfen sie sich mit der OHP-Projektion der Abbildungen in Übung 7.	**H** dient zur Festigung der neuen Wörter und kann bei Bedarf eingeschoben werden. Ermutigen Sie die KT zu Einträgen ins persönliche Vokabelheft.	
Übung 8 CD 1, 10	Der Wortschatz knüpft an Ü 7 an, einschlägiges Vokabular kommt hinzu. In den Folgeübungen erproben es die KT an weiteren Geräten. Bei der Zuordnung in Teil a) gibt es nur zum Teil zwingende Abfolge der Bedienungsschritte. In Teil b) vergleichen KT: Wie haben es die Mitarbeiter gemacht?	In **I** rückt die Abfolge der Schritte in den Vordergrund; außerdem: Umwandlung Infinitivphrase → Hauptsatz. **J**: Wortschatzübung, die auch das Leseverstehen in Ü 9 vorentlastet. Hinweis aufs Vokabelheft: Verben mit Kontexten eintragen (Infinitivphrase oder Satz).	Ergebnisse sichern wie in Ü 9: *Hinweise zur sicheren Benutzung findet man in Punkt 1. Da steht: „Man soll die Sicherheitshinweise auf Seite 1 lesen und befolgen."* Wie würden Sie das in Ihrer Muttersprache mitteilen? So, so ähnlich, anders?
Übung 9	Das Navigationsgerät ist bereits aus Band 1, Lektion 5 bekannt. KT beschränken sich strikt auf die Aufgabenstellung. So können sie selbstständig ohne weitere Hilfen arbeiten.		
Übung 10 CD AB 10–11	Gruppenarbeit: KT verständigen sich über die phonetischen Eigenschaften und die syntaktischen Konsequenzen bekannter Verben.	Ü 10 hat Ausspracheübung **K** vorbereitet. Jetzt sind die Voraussetzungen für Anwendungsübung 11 gegeben.	
Übung 11	Geräte zur Wiedergabe der Bedienungsschritte dürften sich im Unterrichtsraum finden. Vor Einstieg in die Gruppenarbeit macht L auf die drei möglichen Formen aufmerksam: Aussagesatz mit *man*, Imperativsatz, Aussagesatz mit *du / Sie*. Er demonstriert das „aktive Zuhören": Nachfragen und Verstehen signalisieren (siehe auch Seite 21, „Wörter und Wendungen")	**L** und **M** sind für die häusliche Nacharbeit gedacht. Auch hier ist die Anregung angebracht, die Wörter im Kontext ins Vokabelheft zu schreiben.	

TRANSKRIPT LEKTION

Übung 8 b)
- So, das Büro ist renoviert, Schreibtisch und Regal stehen wieder an ihrem Platz.
- ▲ Jetzt müssen wir nur noch den PC-Arbeitsplatz wieder einrichten. Das finde ich furchtbar. All diese Kabel! Hilfst du mir?
- Gern. Das ist ja nicht schwer. Also: Rechner, Monitor, Tastatur, Maus und der neue Drucker. Der ist ja noch verpackt. Den packen wir zuletzt aus und schließen ihn an.
- ▲ Also, zuerst verbinden wir mal den Monitor mit dem Rechner und schließen den Monitor ans Stromnetz an. Moment, ist das Netzkabel nicht zu kurz?
- Kein Problem, das ist lang genug. Ich stecke es ein. Gib mir mal das Netzkabel für den Rechner. Das stecke ich auch gleich ein.
- ▲ Okay, ich schließe es hinten am Rechner an. Dann die Tastatur und die Maus anschließen. Äh, wo sind denn die Anschlüsse?
- Für die Tastatur nimmst du die runde, violette Buchse.
- ▲ Ja, hab ich.
- Und die Maus steckst du gleich darunter ein.
- ▲ In Ordnung.
- So, jetzt packen wir den Drucker aus.
- ▲ Hier ist das USB-Kabel, eine CD mit der Drucker-Software, … alles da.
- Gib mal her. Ich lese vor. Schließen Sie den Drucker ans Stromnetz und an den PC an. Fahren Sie den Rechner hoch. Na ja, dazu brauchen wir eigentlich keine Bedienungsanleitung.
- ▲ Nee, wirklich nicht. Jetzt die Software installieren.
- Ja. Leg schon mal die CD ein.

TRANSKRIPT ÜBUNGEN

Übung K a)
eins: beginnen
zwei: abwarten
drei: auswählen
vier: unterstreichen
fünf: durchstreichen
sechs: vortragen
sieben: wiederholen
acht: zurückfahren
neun: einlegen
zehn: überprüfen
elf: abholen
zwölf: benutzen
dreizehn: verschieben
vierzehn: umsteigen
fünfzehn: übernehmen

Übung K b)
den Besucher vorstellen
das Wort unterstreichen
die Bedienung erklären
eine CD ins Laufwerk einlegen
die Angaben überprüfen
die Frage wiederholen
um 11.00 Uhr abfahren
in Frankfurt umsteigen
den Termin übernehmen
den Termin einhalten
den Termin verschieben
heute zurückfahren

LÖSUNGEN LEKTION

Übung 7: Lösungsbeispiel: … das Gerät ein. Dann muss man die Kopiervorlage auflegen. – Gut, dann lege ich die Kopiervorlage auf. – Dann stellt man Format und Helligkeit ein. – Aha, ich muss also das Format und die Helligkeit einstellen. – Dann muss man die Kopienzahl eingeben. – Okay, ich gebe die Kopienzahl ein. – Dann drückt man die Kopiertaste und startet so den Kopiervorgang. – Gut, ich drücke also die Kopiertaste und starte den Kopiervorgang. – Zuletzt entnimmt man die Kopien. – Gut, zuletzt entnehme ich die Kopien.

Übung 8: a) Lösungsbeispiel: den neuen Drucker auspacken / an den Rechner anschließen / mit dem Rechner verbinden / ans Stromnetz anschließen – das Netzkabel einstecken – die Tastatur an den Rechner anschließen / mit dem Rechner verbinden – die Maus an den Rechner anschließen / mit dem Rechner verbinden / einstecken – die Druckerpatronen einsetzen – die Installations-CD ins CD-Laufwerk einlegen – den Rechner einschalten / hochfahren
b) den Monitor mit dem Rechner verbinden – den Monitor ans Stromnetz anschließen – das Netzkabel für den Rechner einstecken / das Netzkabel (hinten am Rechner) anschließen – die Tastatur und die Maus anschließen – den Drucker auspacken – den Rechner hochfahren – die CD einlegen

Übung 9: Hinweise zum Fahrtende: Punkt „Beenden" 1 und 2, zum Start des Navigators: Punkt 4, 5, 6, zur Arbeit mit dem Navigationssystem: Punkt 7, zur Befestigung im Auto: Punkt 3, zur sicheren Benutzung: Punkt 1, zur Software: Punkt 2

Übung 10: Verben mit trennbarer Vorsilbe (Wortakzent auf der ersten Silbe): abwarten, anschließen, auswählen, einsetzen, aufrufen, aufpassen, durchstreichen, eingeben, nachmachen; Verben mit nicht trennbarer Vorsilbe (Wortakzent auf der Stammsilbe): beginnen, bedienen, bestätigen, entnehmen, erklären, unterstreichen, verstehen, wiederholen

Lektion 2

MAGAZIN

	Lektion	Übungen / Hausaufgaben	interkulturelle LK
Übung 12	Die Abbildungen zeigen Geräte und Maschinen des täglichen Gebrauchs. Die KT identifizieren sie, und es entspinnt sich eine Diskussion entlang der Fragen. Vielleicht führt das Gespräch zu der Erkenntnis, dass die (italienische) Espressomaschine, das (amerikanische) Barbecue im deutschsprachigen Raum heimisch geworden ist – vielleicht heimischer als in den Herkunftsländern? *das Ding – diese Dinger, die Dinger da*: der hochsprachliche Plural lautet *Dinge*. Das umgangssprachliche *Dinger* deutet an: Die Gegenstände sind nicht klar identifizierbar, auch Geringschätzung, Herabsetzung.		Gibt es im Heimatland der KT aus Deutschland, Österreich, der Schweiz „eingewanderte" Alltags-Errungenschaften? Welche? Ist den Menschen ihre Herkunft noch bewusst? (Das Internet gibt interessante Hinweise zur Herkunft.) Ist der Hundeanhänger „typisch deutsch"?
Übung 13	Vielleicht bemühen sich die KT, das „Ding" zu identifizieren. Wichtiger ist, dass sie spielerisch eine Funktion, einen Gebrauch damit verbinden. Die Stichworte und die Redemittel zum Gebrauch als Marmeladekocher dienen zur Anregung der Fantasie. Vielleicht gelingt es dabei, einzelnen Bestandteilen des „Dings" eine Bedienungsfunktion zuzuordnen.		
Übung 14 CD 1, 11	Der Dialog kann auch vor Ü 13 gehört werden, um die KT zu eigenen Ideen anzuregen.	**N:** Spätestens hier weist L darauf hin, das Vokabular zur Benennung und Bedienung von Geräten ins Vokabelheft einzutragen.	

TRANSKRIPT LEKTION

Übung 14
● Was kann man denn mit dem Ding machen?
▲ Das ist ein Wäschewascher. Mit dem kann man Wäsche waschen.
● Ach, eine Waschmaschine!
▲ Nein, eigentlich nicht, eher ein Waschgerät.
● Wie, das Ding hat keinen Motor?
▲ Nein, das schließt man nicht an die Stromversorgung an.
● Und wie funktioniert das?
▲ Also, hier oben füllt man die Wäsche ein – Hemden, Hosen, Strümpfe und so weiter. Dann gibt man Waschmittel dazu und Wasser. Am besten nimmst du warmes Wasser.
● Mmmmmh.
▲ Und jetzt, ganz wichtig: Siehst du die Kurbel hier unten rechts? Die musst du drehen, ungefähr dreißig Minuten.
● Eine halbe Stunde!! Also, ich weiß nicht …

▲ Sieh mal, du brauchst keinen Strom, keine Stromversorgung. Das Gerät ist nicht kompliziert, die Bedienung ist einfach …
● Ja schon, aber …
▲ … und – pass auf – du kannst auch Geschirr spülen damit.
● Häääh??
▲ Ja!! Teller, Tassen, Schüsseln waschen! Kein Motor, kein Strom, kein CO_2. Einfach Teller, Tassen, Gabeln, Messer einfüllen, Wasser und Spülmittel dazugeben, Kurbel drehen, fertig!
● Fertig? Nicht schlecht!
▲ Na ja, zuletzt trocknest du es noch ab. Es gibt da einen praktischen Abtrockner.
● Mmmm. Was kostet denn das Ding?

LÖSUNGEN LEKTION

Übung 12: (von links nach rechts) Espressomaschine, Hundeanhänger, Gartengrill, Skateboard

Name: _____ **Kurs:** _____

HÖREN

Richtig oder falsch? Lesen Sie die Aufgaben 1–10. Hören Sie dann den Dialog (CD 1, 1–4 / Übung 3, Kursbuch Seite 6) zweimal. Kreuzen Sie an.

	richtig	falsch
0 Die Radtour geht von Passau nach Wien.	x	
1 Sigmund Häberle ist nicht verheiratet.		
2 Die Gruppe fährt 200 Kilometer pro Tag.		
3 Peter Schweisguth macht auch immer lange Radtouren.		
4 Es gibt eine ganze Woche Regen.		
5 Laura Fröhlich hat ihren Mann dabei.		
6 Hans arbeitet in einem Chemie-Unternehmen.		
7 Laura und Peter kennen die Donau gut.		
8 Tanja Nürnberger möchte studieren.		
9 Der Reiseleiter hat noch einen Fahrradhelm für Tanja.		
10 Die Gruppe fährt mit dem Bus zum Start.		

Punkte: _____ / 10

LESEN

Was ist richtig? A oder B? Kreuzen Sie an.

0 Das Gerät [A] mit dem Netzschalter ans Stromnetz anschließen.
        [B] mit dem Netzschalter einschalten.

1 Inbetriebnahme: [A] einschalten und ans Stromnetz anschließen.
                 [B] einschalten und Kopienzahl eingeben.

2 Zuerst [A] das Gerät ans Stromnetz anschließen, dann einschalten und den Kopiervorgang starten.
        [B] das Gerät einschalten, dann ans Stromnetz anschließen und den Kopiervorgang starten.

3 Vor dem Kopieren [A] muss man die Vorlage ins Ausgabefach legen.
                      [B] muss man das Startsymbol abwarten.

4 Einstellungen: [A] Kopiertaste, Papierfach und Kopiervorlage
             [B] Helligkeit, Kopienzahl und Papierformat

5 Die Vorlage ist dunkel: [A] Menüpunkt *Helligkeit* wählen und *hell* eingeben.
                        [B] Menüpunkt *Helligkeit* wählen und *dunkel* eingeben.

6 Wie startet man den Kopiervorgang? [A] Man drückt den Netzschalter.
                                  [B] Man drückt die Starttaste.

7 Sie wollen Strom sparen. [A] Nach dem Kopieren den Ein- / Ausschalter drücken.
                        [B] Nach dem Kopieren das Stromkabel entfernen.

8 Zum Schluss [A] das Gerät anschließen.
             [B] das Gerät ausschalten.

Der Kopierer: Inbetriebnahme und Bedienung

Schalten Sie das Gerät mit dem Netzschalter ein. Vorher müssen Sie es ans Stromnetz anschließen. Kontrollieren Sie das Papierfach und legen Sie bei Bedarf Papier ein. Warten Sie nach dem Einschalten das Start-Symbol ab. Jetzt können Sie kopieren. Legen Sie die Kopiervorlage auf und stellen Sie das Papierformat und die Helligkeit ein. Ist die Vorlage sehr hell? Dann stellt man das Gerät auf *dunkel* ein. Bei einer dunklen Vorlage wählt man die Einstellung *hell*. Geben Sie jetzt noch die Kopienzahl ein und starten Sie den Kopiervorgang. Dazu drücken Sie die Taste *Start*. Die fertigen Kopien liegen im Ausgabefach. Sparen Sie Strom – schalten Sie das Gerät wieder aus.

Punkte: 8 x 1,25 = _____ / 10

Zwischentest 1

GRAMMATIK

a) Schreiben Sie Sätze wie im Beispiel.

0 den Text korrigieren

   A *Bitte korrigieren Sie den Text.*

   B *Sie müssen den Text korrigieren.*

1 das Gerät einschalten

   A _____

   B _____

2 das Wort unterstreichen

   A _____

   B *Ihr* _____

3 noch ein Stück Kuchen nehmen

   A _____

   B *Du* _____

Punkte: 3 x 2 = _____ / 6

b) Tragen Sie *ein_ / kein_ / welch_* ein.

● Ich habe keinen Bleistift. – ▲ Hier ist noch (0) *einer* _____.
● Ich habe noch kein Rad für die Tour. – ▲ Was, du hast noch (1) _____? Hier ist (2) _____. Das kannst du nehmen.
● Haben Sie keine Prospekte mehr? – ▲ Doch, hier sind noch (3) _____. – ■ Danke, ich brauche nur (4) _____.

Punkte: _____ / 4

SCHREIBEN

Sie sind Mitarbeiter bei Firma Syncron-Tec. Besucher kommen. Machen Sie ein Begrüßungsschreiben. Denken Sie an folgende Punkte:

1 Begrüßen und willkommen heißen
2 Vorstellung
3 zuständige(r) Mitarbeiter(in)
4 Funktion
5 Was wünschen Sie den Besuchern?

Sehr geehrte Damen und Herren,

_____

_____

_____

_____

_____

_____

_____

_____

Punkte: 5 x 2 = _____ / 10

WORTSCHATZ

A Anleitung	B Anweisung	C Aufforderung	D Bedienung	~~E Begrüßung~~	F Hinweis

a) Tragen Sie die Wörter ein.

0 Morgen haben wir Gäste. Die *Begrüßung* übernimmt der Chef.
1 Genau weiß ich es auch nicht, aber ich kann dir einen _____ geben.
2 Was sollen wir machen? Bitte geben Sie uns klare _____en.
3 Wie man das Gerät bedient? Das steht in der _____.
4 Du willst die Maschine benutzen? Gut, aber die _____ ist nicht ganz einfach.
5 Warum beginnt ihr nicht? Wartet ihr noch auf eine _____?

b) Welches Wort passt? Kreuzen Sie an.

0 Brot
   A einkaufen ✗   B auffordern   C umsteigen
1 das Gerät
   A nachmachen   B bedienen   C ankreuzen
2 die Helligkeit
   A einstellen   B vortragen   C einschalten
3 den Text
   A anschließen   B ausschalten   C ausdrucken
4 das Wort
   A korrigieren   B entnehmen   C beantworten
5 den Rechner
   A einlegen   B hochfahren   C eingeben

Punkte: _____ / 10

Ergebnis: _____ Punkte x 2 = _____ / 100

Alltag, Beruf & Co. 2, Lehrerhandbuch, ISBN 978-3-19-241590-6, © Hueber Verlag 2010

LEKTION 3: ALLES ERLEDIGT? ALLES ERLEDIGT!

Die grammatische Progression

Für den Lehrer, der ein Lehrwerk einsetzt, ist die grammatische Progression Vertrauenssache. Er kann nicht in allen Einzelheiten wissen, was und wie viel davon schon da war. Und er kann erst recht nicht wissen, was und wie viel davon in späteren Lektionen oder Bänden noch kommt. Der AB&C-Lehrer kann sicher sein: Keine Regel kommt aus dem Nichts und keine ist je abgeschlossen. Aus der nachfolgenden Übersicht kann er an der Stelle, an der er gerade steht, mit einem Blick erkennen, was wo mit welcher Regeltiefe dran war und was wann noch kommt. Diese Sicherheit erspart es ihm, vorsichtshalber „aufs Ganze" zu gehen, wo ein Teil genügt hätte. Egal, auf welcher Stufe Sie gerade mit **AB&C** unterrichten, Sie wissen immer mit Blick auf die Vergangenheit und auf die Zukunft, woran Sie in der Gegenwart sind. Diese sichere Standortbestimmung erlaubt es Ihnen, mit der exakt angemessenen Regelmenge in der exakt angemessenen Regeltiefe auszukommen. Es ist die kalkulierte Regelmenge und die Regeltiefe, die das gesamte Lehrwerk durchzieht und die wir Ihnen auf den Grammatikseiten 11, 21, 31, 41, 51 etc. übersichtlich aufbereitet haben. Dieses Minimum ist das Maximum.

□ = Einstig   ▨ = 1. Erweiterung, 2. …   ■ = vorläufiger Abschluss, 1. Wiederaufnahme, 2. …

Nominalbereich	AB&C 1	AB&C 2	AB&C 3	AB&C 4
Personalpronomen				
Akkusativ (Artikel)				
Dativ (Artikel)				
Genitiv (Artikel)				
Artikelwort				
Artikelpronomen				
Possessivartikel				
Possessivpronomen				
diese_ / welche_				
Adjektivdeklination				
Komparativ				
Superlativ				
Pronominaladverben				

Verbalbereich	AB&C 1	AB&C 2	AB&C 3	AB&C 4
sein, haben				
Modalverben				
hätte_ / würde_ / wäre_				
könnte_ / müsste_ …				
„trennbare" Verben				
Verben mit Umlaut				
Imperativ				
Präteritum				
Perfekt				
Typ stehen-stellen, …				
reflexive Verben				
Passiv				

Satzbereich	AB&C 1	AB&C 2	AB&C 3	AB&C 4
Nebensätze				
Relativsatz				
nicht / erst / … brauchen zu				
Infinitivsatz mit zu				
Infinitivsatz mit um zu				

Durchnahmevorschläge – Transkripte – Lösungen

IM ALLTAG

Kurz vor Beginn einer Familienreise: Erledigungsstand der Vorbereitungen überprüfen und melden
Partizip Perfekt

	Lektion	Übungen	interkulturelle LK
Übung 1	Für die Unterrichtseröffnung werden drei Situationen angeboten. Sie entscheiden, wie viele und welche KT, eventuell auch in unabhängigen Zweiergruppen, sprechen. Sie erklären das Partizip als grammatische Erscheinung noch nicht.	**A** erleichtert bei Bedarf den Einstieg in das Sprechen in Zweiergruppen.	Verteilung von Aufgaben auf die Familienangehörigen und die Einbeziehung der Nachbarschaft bei längerer Abwesenheit
Übung 2 CD 1, 12	Teil a) Die Dreiteilung des Themas Reisevorbereitung („noch machen – gerade machen – schon erledigt") greift ein Thema aus Übung 1 auf und erweitert dessen Zweiteilung um den Aspekt „gerade machen". KT machen sich mit dem Partizip durch analogen Gebrauch zusehends vertraut. Teil b) wird möglichst weitgehend aus der Erinnerung gelöst und ist Anreiz für ein weiteres abschließendes Hören.	**B** geht der zugehörigen Übung 2 voraus und bereitet auf die thematische Dreiteilung von Teil 2a) vor.	
Übung 3	Hier findet die unterrichtliche Bewusstmachung der komplizierten Bildung des Partizips statt.	**C** unterstützt die regelbildende und regelverdeutlichende Absicht.	
Übung 4 CD AB 12–14	Der Unterricht beschleunigt sich in einer (noch grammatisch orientierten) Anwendung. KT machen das eine oder andere Beispiel schriftlich und tragen mündlich vor. Hier haben Sie eine letzte Korrekturmöglichkeit, bevor …	**D** Die Ausspracheübung zur Akzentsetzung bringt den Infinitiv, das konjugierte Verb und das Partizip in eine Regelbeziehung.	
Übung 5	… die freie Anwendung in Fünfergruppen einsetzt.	**E** ist Hausaufgabe oder tritt an die Stelle von Übung 5.	

TRANSKRIPT LEKTION

Übung 2

▲ Wann geht es endlich los?

● Ja, wann fahren wir?

■ Nur die Ruhe, Kinder. Es geht gleich los. Ist alles erledigt? Sind die Koffer gepackt?

◆ Noch nicht, aber ich bin gleich fertig. Steffi, ist dein Fenster geschlossen?

▲ Ja … nein … Also, es ist gekippt.

◆ Hhm, gekippt? Du, Steffi, schließ das Fenster richtig. Das ist besser.

▲ Also gut, Fenster schließen.

■ Heiko, ist deine Sporttasche gepackt?

● Na, klar. Oh, im Abstellraum stehen ja noch meine Tennisschuhe. So, jetzt ist die Tasche aber gepackt.

◆ Arthur, sind alle Geräte ausgeschaltet?

■ Ich schalte sie gerade aus.

◆ Gut, und ich sage Frau Weber Bescheid. Die Nachbarn sind noch nicht informiert.

▲ Der Kühlschrank läuft aber noch. Der ist noch eingeschaltet. Ist der kein Gerät?

■ Doch, aber *der* muss laufen. Den dürfen wir nicht ausschalten. – Hallo. Ja ja, alles gepackt, alles erledigt. Bis gleich.

- Papa, dein Handy ist *auch* ein Gerät. Bitte ausschalten!
- Ja, ich schalte es jetzt aus. Zufrieden?
- Oh, mein PC!
- ▲ Den schalte *ich* aus.
- Nein, das kannst du nicht. Finger weg von meinem PC!
- ▲ Schon aus. Siehst du, das kann ich.
- ◆ Ich glaube, da brennt noch ein Licht. Heiko …
- Achtung, Achtung! Eine Durchsage: Heiko Dörflinger macht jetzt das Licht aus. Das Licht ist ausgeschaltet. Eine Durchsage: Das Licht im Abstellraum ist aus. Eine Durchsage …
- ◆ Du, Heiko, bitte! Wir sind alle schon nervös genug. Arthur, was ist mit der Heizung?
- ■ Ach ja, die Heizung. Ich drehe sie herunter.
- ◆ Gut.
- Nein ich. Die Heizung ist heruntergedreht.
- ◆ Heiko, bitte! Steffi, ist der Goldfisch schon gefüttert?
- ▲ Das mache ich im Auto. Goldi darf mitfahren.

TRANSKRIPT ÜBUNGEN

Übung D a)
Lydia, kannst du das bitte erledigen?
Lydia, kannst du das bitte absagen?
Lydia, kannst du die bitte herunterdrehen?
Lydia, kannst du das bitte verschieben?
Lydia, kannst du die bitte vereinbaren?
Lydia, kannst du das bitte ausfüllen?

Übung D b)
▲ Lydia, erledige das bitte!
- Gut, ich erledige das.
▲ Lydia, sag das bitte ab!
- Gut, ich sage das ab.
▲ Lydia, dreh die bitte herunter!
- Gut, ich drehe die herunter.
▲ Lydia, verschieb das bitte!
- Gut, ich verschiebe das.
▲ Lydia, vereinbare die bitte!
- Gut, ich vereinbare die.
▲ Lydia, füll das bitte aus!
- Gut, ich fülle das aus.

Übung D c)
Die Post ist erledigt. – Der Termin ist abgesagt. – Die Heizung ist heruntergedreht. – Das Gespräch ist verschoben. – Die Besprechung ist vereinbart. – Das Formular ist ausgefüllt.

LÖSUNGEN LEKTION

Übung 2: a) noch machen: Sporttasche packen, Geräte ausschalten, Nachbarn verständigen / informieren, Handy ausschalten, PC ausschalten, Licht ausschalten, Heizung herunterdrehen; schließlich erledigt: Sporttasche gepackt, Geräte ausgeschaltet, Nachbarn verständigt / informiert, Handy ausgeschaltet, PC ausgeschaltet, Licht ausgeschaltet, Heizung heruntergedreht; Kühlschrank ausschalten, Goldi / den Goldfisch füttern
b) 1 (Lösungsbeispiel) *Hallo, Frau Weber. – Guten Tag, Frau Dörflinger. – Ich möchte Ihnen nur kurz Bescheid sagen: Wir fahren in Urlaub. – Oh, schön. Soll ich mal nach Ihrer Post sehen? – Ja, bitte. Das ist sehr nett von Ihnen. – Dann wünsche ich Ihnen einen schönen Urlaub …* 2 Der Kühlschrank ist noch nicht ausgeschaltet / ist noch eingeschaltet. 3 *Hallo – Hallo, Arthur, ich bin's, der Franz. Seid ihr fertig? Ist alles gepackt? – Jaja …* 4 Steffi will den PC ausschalten. Heiko glaubt, sie kann das nicht / macht das falsch. Steffi schaltet den PC aus. 5 Herr Dörflinger soll das Handy ausschalten. 6 Heiko soll nicht so laut / soll leise sein. 7 Sie nimmt Goldi mit.

Übung 3: gemacht, gepackt, geholt, gekauft, bearbeitet, erklärt, vereinbart; ausgefüllt, zugesagt, ausgeschaltet; nummeriert, notiert, diskutiert; geschrieben, getrunken; beschrieben, vorgetragen, eingegeben

Übung 4: a) ▲ Ist die Pizza bestellt? ● Ja, die Pizza ist bestellt. / Nein, die Pizza ist noch nicht bestellt. / Nein, noch nicht, aber Peter bestellt sie gerade. ▲ Gut, dann bestelle ich die Pizza. / Ah, gut. (Dann ist das ja erledigt.)

IM BERUF

Vorbereitung einer betrieblichen Fortbildungsveranstaltung auf Erledigtes und Unerledigtes überprüfen
– Artikel und Pronomen, Partikelwörter: *mal, denn, doch, ja*

	Lektion	Übungen	interkulturelle LK
Übung 6	Es geht um eine wertneutrale Beschreibung des aktuellen Ist-Zustands, nicht um Kritik.	**F** kann dem Einstieg vorgeschaltet werden, weil dadurch die Beobachtungsabsicht völlig klar wird.	Wie sind Seminar- und Unterrichtsräume in Ihrem Land eingerichtet?
Übung 7 CD 1, 13 CD AB 15	Sie können die drei Spalten („vorhanden / fehlt, kommt aber gleich – ist nicht möglich") auf Einzelteilnehmer oder kleine Arbeitsgruppen aufteilen.	**G** eignet sich als Abschluss der Unterrichtseröffnung und zur Einstimmung in die Thematik des Hörtextes.	
Übung 8	Der Artikel und sein Pronomen sind das grammatische Lernziel dieses Blockes. Die Partizipien laufen mit. Die gehäuft auftretenden Partikelwörter werden am besten nicht bemerkt, auf keinen Fall thematisiert.	**H** demonstriert die Partikelwörter. Die Kontexte sind die Erklärung. Die Übung leitet zur nachfolgenden Hörverständnisübung über.	
Übung 9 CD 1, 14–15	KT sollen den Unterschied zwischen den beiden Texten eher erspüren, als ihn in Regeln fassen zu wollen. Unter „Wichtige Wörter und Wendungen" gibt es dazu in der Grammatik einen demonstrierenden Versuch zur induktiven Regelbildung.	**I**: KT sollen die Partikelwörter analog verwenden und dabei die Regel erspüren.	
Übung 10 CD AB 16	In der Anwendungsübung kommen die Partizipien, die Artikel / Pronomen und die Partikelwörter zusammen. Die Intention ist aber nicht mehr grammatisch.	**J** ist als Hausaufgabe gedacht. **K** wird eingeschoben. Dann geht es mit der Anwendung weiter.	

TRANSKRIPT LEKTION

Übung 7

- ■ Ist alles in Ordnung? Haben Sie noch Wünsche?
- ▼ Am besten gehen wir die Bestellung mal durch: Erstens 12 Plätze in U-Form.
- ■ 12 Plätze sind bestellt und dann noch einer für Sie und einer für Ihren Assistenten. Also sind 14 Plätze eingerichtet.
- ▼ Sehr gut. Dann sind zwei Flipcharts bestellt.
- ■ Ich, ich weiß, die sind noch nicht da. In Raum 4 sind welche. Ich hole dort zwei.
- ▼ Vielen Dank. Das Begrüßungsposter ist angepinnt. Gut. Ein Projektor ist auch vorhanden. Wo ist denn der Beamer?
- ■ Beamer? Hier ist keiner. Ich habe auch keinen auf der Liste. Brauchen Sie denn einen? Im Materialraum steht ja noch einer. Den können Sie ja mal haben. Wann brauchen Sie ihn denn?

- ▼ Heute Nachmittag. Aber bringen Sie den Beamer doch lieber jetzt schon mal.
- ■ Das geht leider nicht. Aber in der Mittagspause bringe ich ihn. Versprochen ist versprochen. Moment, das muss ich aber doch mal notieren. So, der Beamer ist notiert.
- ▼ Der Moderatorenkoffer ist aber nicht gut ausgestattet. Keine Metaplankarten, nur zwei Stifte, keine Klebepunkte. Und wo sind die Pinnnadeln?
- ■ Oh ja, Entschuldigung, der ist nicht aufgefüllt. Ich fülle ihn auf.
- ▼ Ach, lassen Sie nur, ich hole meinen. Wo ist denn die Teilnehmerliste?
- ■ Die ist schon aktualisiert, aber noch nicht ausgedruckt. Ich bringe sie in zehn Minuten.
- ▼ Vielen Dank. Ah, hier sind ja auch die Arbeitsblätter, schön gestapelt.
- ■ Ja, und das sind die Infomappen. Die sind noch nicht verteilt. Das mache ich sofort.

▼ Ist schon gut, die verteile *ich*. Aber eine Frage: Kann ich zwei Gruppenarbeitsräume haben? Gibt es da noch welche? Ich weiß, die sind nicht bestellt. Aber vielleicht geht das.

■ Oh, tut mir leid, heute ist es nicht möglich. Es sind keine mehr frei. Aber vielleicht morgen. Wissen Sie, morgen, da ist das Seminar von Firma …

Übung 9

Text 1:
▼ Wo ist der Beamer?

■ Beamer? Hier ist keiner. Ich habe keinen auf der Liste. Brauchen Sie einen? Im Materialraum steht noch einer. Den können Sie haben. Wann brauchen Sie ihn?

▼ Heute Nachmittag. Aber bringen Sie den Beamer lieber jetzt.

■ Das geht leider nicht. Aber in der Mittagspause bringe ich ihn. Versprochen ist versprochen. Moment, das muss ich notieren. So, der Beamer ist notiert.

Text 2:
▼ Wo ist denn der Beamer?

■ Beamer? Hier ist keiner. Ich habe auch keinen auf der Liste. Brauchen Sie denn einen? Im Materialraum steht ja noch einer. Den können Sie ja mal haben. Wann brauchen Sie ihn denn?

▼ Heute Nachmittag. Aber bringen Sie den Beamer doch lieber jetzt schon mal.

■ Das geht leider nicht. Aber in der Mittagspause bringe ich ihn. Versprochen ist versprochen. Moment, das muss ich aber doch mal notieren. So, der Beamer ist notiert.

TRANSKRIPT ÜBUNGEN

Übung G

■ Die Arbeitsblätter sind noch nicht verteilt.
▼ Ich verteile sie.
■ Die Teilnehmerliste ist noch nicht aktualisiert.
■ Ich aktualisiere sie.
■ Der Projektor ist noch nicht angeschlossen.
■ Ich schließe ihn an.
■ Die Stellkarten sind noch nicht geschrieben.
■ Ich schreibe sie.
■ Die Teilnehmerliste ist noch nicht ausgedruckt.
■ Ich drucke sie aus.
■ Der Beamer ist noch nicht eingeschaltet.
■ Ich schalte ihn ein.

Übung K

a) Das ist ja gar nicht gemacht. Warum macht ihr das denn nicht? Macht es doch bitte!

b) Das ist ja gar nicht vereinbart. Warum vereinbart ihr es denn nicht? Vereinbart es doch bitte.

c) Das ist ja gar nicht abgeschlossen. Warum schließt ihr es denn nicht ab? Schließt es doch bitte ab!

d) Das ist ja gar nicht aktualisiert. Warum aktualisiert ihr es denn nicht? Aktualisiert es doch bitte!

e) Das ist ja gar nicht bearbeitet. Warum bearbeitet ihr es denn nicht? Bearbeitet es doch bitte!

f) Das ist ja gar nicht vorbereitet. Warum bereitet ihr es denn nicht vor? Bereitet es doch bitte vor!

g) Das ist ja gar nicht angepinnt. Warum pinnt ihr es denn nicht an? Pinnt es doch bitte an!

LÖSUNGEN LEKTION

Übung 7: im Seminarraum vorhanden: 12 Plätze in U-Form, das Begrüßungsposter, 1 Projektor, 1 Moderatorenkoffer, Arbeitsblätter, Infomappen; fehlt noch, kommt aber gleich: 2 Flipcharts, 1 Teilnehmerliste; nicht in Ordnung: der Moderatorenkoffer; nicht möglich: zwei Gruppenarbeitsräume

Übung 8: a) keiner, keinen, einen, einer, Den, ihn – keins, keins, eins, eins, Das, es – keine, keine, eine, eine, Die, sie – keine, keine, welche, welche, Die, sie

b) Verlängerungskabel: keins auf der Liste. Brauchen Sie denn eins? Im Materialraum ist / liegt noch eins. Das können Sie haben. In der Mittagspause bringe ich es. – Schreibblöcke: keine auf der Liste. Brauchen Sie denn welche? Im Materialraum sind / liegen noch welche. Die können Sie haben. In der Mittagspause bringe ich sie. – Projektor: Tut mir leid. Hier ist keiner. Ich habe auch keinen auf der Liste. Brauchen Sie denn einen? Im Materialraum ist / steht noch einer. Den können Sie haben. In der Mittagspause bringe ich ihn. – Bürola: Tut mir leid. Hier ist keine. Ich habe auch keine auf der Liste. Brauchen Sie denn eine? Im Materialraum ist / steht noch eine. Die können Sie haben. In der Mittagspause bringe ich sie.

Übung 9: Der erste Dialog ist sachlich und geschäftsmäßig. Er enthält keine Partikelwörter. Der zweite ist verbindlich und persönlich. Er enthält zahlreiche Partikelwörter.

MAGAZIN

Redensarten vom Typ: *gesagt, getan* – Platzreservierung im Zug: *frei, reserviert, besetzt*

	Lektion	Übungen	interkulturelle LK
Übung 11	Die Redensarten A–F kann man den Texten 1–6 eindeutig zuordnen. Bei den Bildern können Sie unterschiedliche Zuordnungsversuche der KT dazu benutzen, um über die vorgebrachten Argumente ins Textverständnis einzusteigen.		Welche ähnlichen Redewendungen gibt es in Ihrer Sprache?
Übung 12 CD 1, 16	Teil **a)** fordert ein etwas spitzfindiges Eindringen in die Reservierungen. Die Intention in **b)** ist, dass die KT die Szene situationsgerecht und gern auch etwas karikierend nachspielen, wobei es auf die inhaltliche Richtigkeit nicht ankommt.	**L** ist zur Vorentlastung der verzwickten Reservierungssituation hilfreich. Wenn **M** wirklich vorgeschaltet wird, dann ist der Hörtext eher eine Anregung zum Nachspielen, was dem Magazincharakter entspräche.	Wie bewerten die KT die detailreiche, über(?)genaue und kleinliche (?) Klärung der Reservierungssituation? Die Bewertung „typisch deutsch" können KT abgeben und begründen, aber nicht L.

TRANSKRIPT LEKTION

Übung 12

▲ Sehr geehrte Fahrgäste. Herzlich willkommen an Bord des ICE 278 auf der Fahrt von Interlaken nach Berlin Hauptbahnhof über Bern, Basel, Freiburg im Breisgau, Kassel-Wilhelmshöhe, Braunschweig und Wolfsburg. Nächster Halt des Zuges ist Fulda.

● Guten Tag. Entschuldigung, ist hier noch ein Platz frei?

◆ Ja, bitte, nehmen Sie Platz.

● Welcher Platz ist denn frei?

◆ Der hier. Moment, ich nehme meine Tasche weg. Aber ich glaube, diese beiden Plätze sind auch frei.

▼ Na ja, nicht wirklich frei.

● Ach so, die Plätze sind besetzt.

▼ Besetzt auch nicht.

◆ Die Plätze sind alle reserviert. Im Moment sind sie aber noch frei. Sehen Sie, hier steht es.

● Ah ja, da steht es.

◆ Wie weit fahren Sie denn?

● Bis Berlin Hauptbahnhof.

◆ Ach, wissen Sie, das können wir so machen. Also, *der* Platz ist besetzt …

❖ Ja, da sitze ich.

◆ … und der ist besetzt und der ist besetzt. Und jetzt wollen wir mal sehen …

LÖSUNGEN LEKTION

Übung 11: A4f, B2c, C3e, D5d, E1b, F6a6

Übung 12: Frankfurt-Kassel-Wilhelmshöhe: Platz 91 oder 93; Kassel-Wilhelmshöhe – Hildesheim: Platz 92; Hildesheim – Berlin: Platz 94 oder 96

LEKTION 4: WIE WAR'S? WAS GAB'S DA SO ALLES?

Wozu dienen die Texte?

In *AB&C* wird das Lernziel bereits in der Unterrichtseröffnung der beiden Doppelseiten „Im Alltag" und „Im Beruf" sprachlich erprobt und meist durch einen Hörtext oder auch durch einen Lesetext demonstriert. Auch in den Übungsteil sind Texte eingestreut. Das Magazin besteht überwiegend aus Hör- und Lesetexten. Die kursorisch angelegten Aufgabenstellungen des „Magazins" verfolgen eine eher kulturvergleichende Absicht aus der Perspektive des Lerners, weniger eine sprachdidaktische.
Einige Hörtexte im „Magazin" und auch im Übungsteil wollen den Hörer / Leser zum Schmunzeln, Lachen, Nachdenken oder Kopfschütteln bringen, wie zum Beispiel der folgende Dialog: Eine betriebliche Kommunikationsstörung entzündet sich heftig an der unerfüllten Kommunikationserwartung eines Partners in Verbindung mit einer harmlosen sprachlichen Marotte des anderen.

Lektion 4, Übung 10: X-mal „ja"

- ● Ach *da* sind Sie, Herr Wohlfahrt. Was machen Sie denn da? Wir brauchen Sie!
- ■ Ich suche den Safeschlüssel. Wo ist denn nur der Schlüssel? Aber Sie sagen, Sie brauchen mich, Frau Hold?
- ● Nein, *ich* doch nicht. Aber da ist ein Kunde. Der will etwas. Können *Sie* mal mit ihm sprechen?
- ■ Aber selbstverständlich, Frau Hold.
- ● Und noch eins, Herr Wohlfahrt: Der Scanner von Frau Bellinghaus ist immer noch nicht in Ordnung. Können Sie mal …
- ■ Kein Thema, Frau Hold. Das ist doch klar.
- ● Und in zwanzig Minuten beginnt unsere Besprechung. Bitte übernehmen Sie mal den Kaffeeservice.
- ■ Logisch. Das mache ich.
- ● Und dann bitte noch das Protokoll schreiben, heute noch.
- ■ Kein Problem. Gern.
- ● Herr Wohlfahrt, können Sie nicht *ein* Mal „ja" oder „nein" sagen wie jeder vernünftige Mensch?!
- ■ Natürlich, Frau Hold, selbstverständlich, kein Problem. Das mache ich gern. Keine Frage. Das ist doch klar. Kein Thema. Logisch, geht in Ordnung, Frau Hold.
- ● Ja oder Nein!!
- ■ Nein, da ist er ja.

Von den sechs Aufgaben zielt nur die dritte auf das Leseverständnis, die anderen regen zu einer persönlichen Auseinandersetzung mit dem Text an. Die Fragen (Ist Herr Wohlfahrt (un)vernünftig oder (un)sympathisch?) sollen den kommunikativen Knoten lockern. Frau Hold ist darauf vorbereitet, hinhaltenden Widerstand zu brechen. Dieser bleibt aus. Stattdessen ergießt sich ein Schwall von kauzigen Zustimmungsfloskeln über sie. Die angestaute Durchsetzungsenergie entlädt sich in zunehmender Grobheit. Herr Wohlfahrt ist auf seiner versponnenen Suche nach dem Safeschlüssel kommunikativ unerreichbar. Als ihm schließlich das geforderte „Ja oder Nein" versehentlich entschlüpft, klingt es wie blanker Hohn. Texte sind Angebote. Mancher wird sein Vergnügen haben, vielleicht eine Erkenntnis gewinnen, ein anderer wird die Achseln zucken. Wenn der Lerner den tieferen Zugang nicht findet, dann war das Ganze immerhin eine nicht ganz wertlose Hörübung. Der Lehrer soll aber den interpretatorischen Mehrwert nicht ungerufen auftischen.

Lerner der Grundstufe finden Texte schwer, wegen der Flüchtigkeit des gehörten und der unerbittlichen Präsenz des geschriebenen Textes. Sie entsteht aber besonders durch die Vermutung des Lerners, es beginne nun ein sprachlicher Hindernislauf, bei dem keine Vokabelhürde auszulassen sei. Was tun?

1. Halten Sie sich strikt an die Aufgabenstellung im Buch und gehen Sie nicht darüber hinaus. Nicht der Text ist die Aufgabe, sondern die Aufgaben zum Text sind es.
2. Der Text soll dem Lerner ein müheloses Erfolgserlebnis bescheren. Der Lerner soll sich das Textverständnis nicht erarbeiten und erst recht nicht erkämpfen, es soll ihm zufallen.
3. Vor dem Hören oder Lesen soll der Lerner die Aufgabenstellung lesen. Der Lehrer kann die Aufgaben auf „Zuständige" verteilen. Textverständnis wird so zur arbeitsteiligen Teamaufgabe.
4. Auch wenn der Lerner darum bittet, geben Sie ihm nicht das Skript der Hörtexte (das Sie im Lehrerhandbuch für Ihre Unterrichtsvorbereitung vorfinden).
5. Halten Sie die Arbeitszeit knapp. Die Sprachhürden werden eher höher, wenn der Lerner über dem Text brütet oder ihn zu oft hört.
6. Wenn eine Aufgabe ohne umständliche Worterklärung nicht lösbar erscheint, lassen Sie sie aus.
7. Verweisen Sie bei beharrlichen Wortfragen auf das Wörterlernheft.

Diese Arbeitsregeln gelten besonders für die „Nonsens"-Texte im „Magazin".

Lektion 4

Durchnahmevorschläge, Transkripte, Lösungen

IM ALLTAG

Wie war der Urlaub? – positive und negative Bewertungen – Bilanz ziehen – Redemittel der Zustimmung – *war__, hatte__, es gab* – Pronomen und Artikel

	Lektion	Übungsteil	interkulturelle LK
Übung 1	Für die Umfrage gehen die KT im Klassenraum aufeinander zu und machen die Notizen im Stehen. Sie berichten anderen KT und ausnahmsweise auch der Klasse.	**A** ist eine Anregung zur Kommentierung der Berichte. **B** mit folgendem Antwortmuster: Nummer 1: „Die Kinder …" passt zu Buchstabe J: „Auf der Fahrt …"	Der vergleichende und bewertende Austausch über Reise- und Wetterbedingungen ergibt sich aus Übung A.
Übung 2 CD 1, 17 CD AB 17	KT können die inhaltliche und personelle Zuordnung vor dem Hören probieren unter der Fragestellung: Was passt wohl wozu? Wer sagt das wohl: der Vater, die Mutter, die Kinder? Beim ersten und zweiten Hören überprüfen sie Ihre Zuordnungen. Auf das Präteritum sollen Sie nur beiläufig und nur auf Nachfrage eingehen.	**C** kann dem Hörtext vorgeschaltet werden. **D** übt das grammatische Lernanliegen „Vergangenheit" ein, das damit praktisch schon abgeschlossen ist.	Wie sprechen Eltern und Kinder bei Ihnen miteinander: respektvoll, kameradschaftlich, belehrend, streng …?
Übung 3 CD 1, 17	Mit einem abschließenden Hören geht L zu den bewertenden Adjektiven über, die im Magazin in anderem Kontext noch einmal auftreten. Das Thema „Vergangenheit" beschränkt sich vorerst auf die Formen *war_, hatte_, es gab, …*	**E** schließt sich an das abschließende Hören an.	Modewörter, Jugendsprache, Übertreibungen in Ihrer Sprache: Die abschließende Frage: „Wie sagen Sie ‚gut' in Ihrer Sprache?", stößt die kulturvergleichende Betrachtung an.
Übung 4 CD AB 18	… deshalb genügt ein kurzer Blick in die Grammatik. Der ganze Komplex Präteritum-Perfekt bleibt vorerst außer Betracht.	**F:** Zusätzlich zur Lösung mit dem Tonträger können KT einander die Beispielsätze vorlesen und raten, welcher Satz gemeint war. Sie können **G** vorschalten, falls die abschließende Übung 4 nicht oder stockend läuft.	

TRANSKRIPT LEKTION

Übung 3
- Na, Herr Dörflinger, wieder zurück? Wie war der Urlaub? Was gab's da so alles?
- ▼ Kinder, wie war's?
- Super. Spitze. Klasse. Viel zu kurz!
- ▲ Toll und cool.
- Supercool.
- ◆ Heiko, bitte! – Ja, Arthur, und mich fragst du gar nicht?
- ▼ Oh, Entschuldigung, Liebling. Also: Wie war der herrliche tolle super-spitze-klasse Urlaub?
- ◆ Wunderbar.
- ▼ Ja, fantastisch. Einmal gab es ein Beachball-Turnier.
- ▲ Ja, Bayern gegen Deutschland. Papa, du warst ein toller Nationalspieler! Du warst spitze!
- Toll. Das freut mich. Und wie war das Wetter?
- ▼ Zu Beginn hatten wir zwei Regentage, aber dann …
- Ach Papa, das Wetter war doch super.
- ◆ Die Ausflüge waren prima organisiert und die Gymnastikangebote waren ausgezeichnet.
- ▼ Meine Frau war den ganzen Tag beschäftigt.
- ▲ Ihr hattet nur euren superfantastischen Sport im Kopf. Goldi war so allein!
- ◆ Ach, Steffi, aber jetzt hat er doch einen Freund. Oder ist es eine Freundin?
- Das Essen war klasse, 1 a. Aber, Mama, du kochst auch ganz gut.
- ◆ Danke, Heiko. Ja, das stimmt, was Heiko sagt: Der Tisch war immer schon gedeckt. Das Essen war gekocht. Einfach wunderbar!
- Aber es gab dort so wenig Kinder.
- ▲ Du hattest doch mich.
- Na ja, dich, klar …
- ▲ Ja, ich war stundenlang im Wasser. Und wo warst du?
- ◆ Siehst du, Steffi, und deshalb kannst du jetzt ganz toll schwimmen. Gelernt ist gelernt.
- Tja, Steffi, Übung macht den Meister.

TRANSKRIPT ÜBUNGEN

Übung D
- ■ Das gibt es nicht mehr
- ▼ Gestern gab es das noch.
- ■ Er ist nicht mehr da.
- ▼ Gestern war er noch da.
- ■ Er hat seinen Ausweis nicht mehr.
- ▼ Gestern hatte er ihn noch.
- ■ Die Lampe ist nicht mehr in Ordnung.
- ▼ Gestern war sie noch in Ordnung.
- ■ Das Gerät ist nicht mehr angeschlossen.
- ▼ Gestern war es noch angeschlossen.
- ■ Die Heizung ist nicht mehr heruntergedreht.
- ▼ Gestern war sie noch heruntergedreht.

Übung F
eins	Hatte er das?
zwei	Ihr wart gut.
drei	Es gab zehn.
vier	Vier waren hier.
fünf	Hier war einer.
sechs	Habt ihr frei?

LÖSUNGEN LEKTION

Übung 2: 1 Arthur Dörflinger, 2 Steffi Dörflinger, 3 Heiko Dörflinger, 4 Heiko Dörflinger, 5 Steffi Dörflinger, 6 Sybille Dörflinger, 7 Arthur Dörflinger, 8 Sybille Dörflinger; A Sybille Dörflinger, B Sybille Dörflinger, C Heiko Dörflinger, D die Nachbarin, E Sybille Dörflinger, F Steffi Dörflinger, G Arthur Dörflinger, H Steffi Dörflinger; 1F, 2E, 3H, 4A, 5B, 6G, 7C, 8D

Übung 3: 2 super; 3 „einen tollen Nationalspieler", spitze; 4 wunderbar; 5 (einfach) wunderbar; 6 den Urlaub toll, super, spitze, klasse, viel zu kurz, cool

IM BERUF

Bewertung einer betrieblichen Fortbildungsveranstaltung – Partikelwörter *denn, mal, ja, doch*

	Lektion	Übungsteil	interkulturelle LK
Übung 5	Um die Einzelarbeit in Gang zu bringen, können Sie **Übung H** vorschalten.	**H** schiebt bei Bedarf die Erstellung des „Gedankenbaums" an und stellt ebenso wie **I** einschlägiges Wortmaterial und Äußerungsmuster zur Verfügung.	Direkte und indirekte Kritik: Welche überwiegende Einstellung hat man dazu in Ihrer Kultur und welche haben Sie selbst?
Übung 6 CD 1, 18	Die KT werden durch die vorgeschaltete **Übung I** auf den Hörtext eingestimmt. Die KT sollen vor dem Hören die Fragen lesen und mithilfe des Bildes versuchen, so viele Lösungen wie möglich vor dem Hören zu erraten.		
Übung 7 CD AB 19	Vielleicht können Sie den Grammatikverweis übergehen. Der zeitliche Perspektivenwechsel ist eine Fertigkeit, deren Einübung durch starken Regelbezug eher behindert wird.	**J** unterstützt den Einübungscharakter der Zeitperspektive und geht Übung 7 voraus oder folgt ihr. **K** schärft das Gehör. **L** erledigen die KT im Unterricht mündlich und als Hausarbeit schriftlich.	
Übung 8	Die drei Punkte Inhalt-Organisation-Referent/Lehrer sind die inhaltliche Minimalanforderung für die Überlegungen und den zusammenfassenden Bericht. KT tragen einander vor und ausnahmsweise der Klasse.		Öffentlichkeitsgrad von Evaluierungsergebnissen

TRANSKRIPT LEKTION

Übung 6

▼ Hallo, Frau Beerendonck! Waren Sie auch da?

■ Ja, ich war ganz hinten. Ich hatte ein paar Minuten Verspätung.

▼ Und, wie war's Ihrer Meinung nach? Übrigens, kennen Sie Frau Olbricht?

■ Jaja, Frau Olbricht und ich, wir sind alte Bekannte.

▼ Also, Frau Beerendonck, wie war's?

■ Interessant. Aber ein bisschen voll. Die Organisation war leider nicht so gut, der Raum war zu klein. Ich hatte nur einen Stehplatz. Egal, der Vortrag war interessant, der Inhalt war gut. Der Referent war spitze und sehr lustig. Das gefällt mir immer besonders.

● Ich war völlig zufrieden. Der Referent, der Inhalt und die Atmosphäre … alles war wirklich sehr gut.

▲ Ja, Herr Waibel, der Referent war wirklich klasse. Aber für mich gab es nicht so viel Neues. Wir arbeiten schon lange mit so einem System. Aber das ist ja die Kunst: ein uninteressantes Thema interessant machen. Und das kann er.

■ Da haben Sie recht, Frau Olbricht. Aber die Sache mit der Online-Bestellung ist mir noch nicht so ganz klar. Ich glaube, viele Teilnehmer hatten da ihre Probleme. Meinen Sie nicht auch, Herr Sombart?

▼ Ja, da haben Sie recht. Da war eine Power-Point-Präsentation geplant. Aber es war kein Beamer da. Aber heute Nachmittag wiederholt der Referent diesen Punkt. Das ist methodisch ganz schlecht. Da teile ich Ihre Meinung, Frau Beerendonck: Der Referent war recht gut, das muss man sagen. Aber seine Methode war absolut nicht in Ordnung, finde ich. Und der Inhalt … na ja, was soll man da sagen? Sind Sie heute Nachmittag auch dabei?

■ Ja, aber pünktlich. Ich möchte einen Sitzplatz.

● Ich auch.

TRANSKRIPT ÜBUNGEN

Übung K

a) Schaltet täglich das Gerät an und aus.
b) Öffne Türen und Fenster.
c) Benutzt Tabellen und Angaben.
d) Warte täglich die Maschine.
e) Antworte telefonisch.
f) Haltet Termine und Verabredungen ein.
g) Berichte täglich.
h) Startet täglich das Programm.

LÖSUNGEN LEKTION

Übung 6: a) 1 C; 2 vier; 3 in einem Vortrag; 4 (wahrscheinlich) im Pausenraum; 5 (wahrscheinlich) Mittag; 6 Sie gehen wieder in einen Vortrag.
b) 1 Viola Beerendonck; 2 Tanja Olbricht; 3 Mark Sombart; 4 Timo Waibel

Übung 7: a) Um elf Uhr ist der Vortrag schon zu Ende. Es gibt gerade eine Kaffeepause. Später gibt es noch Gruppenarbeit und AG-Berichte. Vorher gab es außerdem noch eine Begrüßung und eine Vorstellungsrunde. b) Um elf Uhr war der Vortrag schon zu Ende. Es gab gerade eine Kaffeepause. Später gab es noch Gruppenarbeit und AG-Berichte. Vorher gab es außerdem noch eine Begrüßung und eine Vorstellungsrunde.

MAGAZIN

Bewertender Bericht aus zwei Perspektiven – Redemittel der Zustimmung

	Lektion	Übungen	interkulturelle LK
Übung 9	Vor dem Lesen Aufgabenstellung lesen. Vor Aufgabe c) kann L die beiden Berichte von zwei Gruppen getrennt unter Fragestellung lesen lassen: „Glauben Sie, dass es so war? Was war wohl etwas anders?" Der „wahre" Bericht ergibt sich aus der Konfrontation der beiden und eignet sich als Hausaufgabe.	**M** ist als Einstieg in die Textarbeit von Übung 9 geeignet.	Sind solche Auseinandersetzungen in Ihrer Kultur denkbar? Wie würden sie überwiegend ablaufen?
Übung 10 CD 1, 19 CD AB 20	Nach einem ersten Hören lesen die KT die Fragen, die eher zur Auseinandersetzung mit zwei gegensätzlichen Verhaltensweisen als zum Hörverständnis auffordert.	**N:** Die Sprechübung stimmt in die eilfertige Bereitschaft von Herrn Wohlfahrt ein.	

TRANSKRIPT LEKTION

Übung 10

- ■ Ach *da* sind Sie, Herr Wohlfahrt. Was machen Sie denn da? Wir brauchen Sie!
- ▼ Ich suche den Safeschlüssel. Wo ist denn nur der Schlüssel? Aber Sie sagen, Sie brauchen mich, Frau Hold?
- ■ Nein, *ich* doch nicht. Aber da ist ein Kunde. Der will etwas. Können *Sie* mal mit ihm sprechen?
- ▼ Aber selbstverständlich, Frau Hold.
- ■ Und noch eins, Herr Wohlfahrt: Der Scanner von Frau Bellinghaus ist immer noch nicht in Ordnung. Können Sie mal …
- ▼ Kein Thema, Frau Hold. Das ist doch klar.
- ■ Und in zwanzig Minuten beginnt unsere Besprechung. Bitte übernehmen Sie mal den Kaffeeservice.
- ▼ Logisch. Das mache ich.
- ■ Und dann bitte noch das Protokoll schreiben, heute noch.
- ▼ Kein Problem. Gern.
- ■ Herr Wohlfahrt, können Sie nicht *ein* Mal „ja" oder „nein" sagen wie jeder vernünftige Mensch?!
- ▼ Natürlich, Frau Hold, selbstverständlich, kein Problem. Das mache ich gern. Keine Frage. Das ist doch klar. Kein Thema. Logisch, geht in Ordnung, Frau Hold.
- ■ Ja oder Nein!!
- ▼ Nein, da ist er ja.

TRANSKRIPT ÜBUNGEN

Übung N

- ■ Und dann bitte noch die Geräte einschalten.
- ▼ Sind schon eingeschaltet.
- ■ Und dann bitte noch die Post erledigen.
- ▼ Ist schon erledigt.
- ■ Und dann bitte noch die Kollegen verständigen.
- ▼ Sind schon verständigt.
- ■ Und dann bitte noch eine Palette Papier bestellen.
- ▼ Ist schon bestellt.
- ■ Und dann bitte noch Getränke kaufen.
- ▼ Sind schon gekauft.
- ■ Und dann bitte noch die Heizung herunterdrehen.
- ▼ Ist schon heruntergedreht.

LÖSUNGEN LEKTION

Übung 9:

a) Der linke Bericht kommt vom Referenten, der rechte vom Teilnehmer. b) Der linke Bericht ist positiv, der rechte ist eine Kritik. c) Jeder denkt, sein Bericht ist richtig und wahr. Aber natürlich ist keiner „wahr". Wir können nicht wissen, welcher Bericht wahr ist.

Name: _____   **Kurs:** _____

HÖREN

Was ist richtig? A, B, oder C? Lesen Sie die Aufgaben 1–10. Hören Sie dann den Dialog
(CD 1, 18 / Übung 6, Kursbuch Seite 39) zweimal. Kreuzen Sie an.

0 Die Leute sprechen über Ⓐ einen Vortrag. Ⓑ einen Auftrag. Ⓒ eine Reise.

1 Frau Beerendonck hatte Ⓐ keinen Sitzplatz. Ⓑ einen Sitzplatz vorn. Ⓒ einen Sitzplatz hinten.

2 Frau Olbricht kennt Frau Beerendonck Ⓐ nicht. Ⓑ noch nicht lange. Ⓒ schon lange.

3 Frau Beerendonck findet, der Vortrag war Ⓐ sehr interessant. Ⓑ ziemlich interessant. Ⓒ langweilig.

4 Frau Olbricht kennt Ⓐ den Referenten Ⓑ alle Teilnehmer Ⓒ das System schon.

5 Die praktischen Beispiele Ⓐ finden zwei Leute gut. Ⓑ alle langweilig. Ⓒ nicht so wichtig.

6 Herr Waibel Ⓐ hat viel Kritik. Ⓑ findet einige Sachen schlecht. Ⓒ findet alles gut.

7 Eine Teilnehmerin Ⓐ hat schon eine Ⓑ möchte keine Ⓒ bekommt noch eine Info-Mappe.

8 Eine Präsentation mit Beamer Ⓐ gab es nur am Vormittag. Ⓑ gibt es nur am Nachmittag.
 Ⓒ gab es am Vormittag und gibt es am Nachmittag.

9 Der Referent gefällt Ⓐ keinem. Ⓑ allen. Ⓒ zwei Teilnehmern.

10 Die Leute Ⓐ nehmen auch am Nachmittag teil. Ⓑ bleiben bis morgen. Ⓒ fahren jetzt nach Hause.

Punkte: _____ / 10

LESEN

Beantworten Sie die Fragen 1–10. Benutzen Sie die Reisevorbereitung.

0 Wohin fährt Frau Olsen?   *nach Madrid* _____

1 Wo gibt es Informationen über Abflugzeiten?   _____

2 Ist der Termin in Madrid schon vereinbart?   _____

3 Was muss die Marketingabteilung machen?   _____

4 Ist das erledigt?   _____

5 Wann trifft Frau Olsen ihren Gesprächspartner?   _____

6 Will sie in Madrid bei Freunden wohnen?   _____

7 Was müssen zwei andere Mitarbeiter übernehmen?   _____

8 Was soll die Partnerfirma für Frau Olsen erledigen?   _____

Vorbereitung Dienstreise Madrid / Frau Olsen

Was	Wer	Wann	Wo / Wie	erledigt
Terminvereinbarung (18.09., 10.00?) ✓	Olsen	sofort	Muñoz / ESP S.A.	✓
Fluginformation	Sekretariat	heute Nachm.	Reisebüro Besttravel	✓
Ticket buchen	"		"	
Zimmerreservierung	Firma ESP S.A.	spätest. 12.09.	Hotel Excelsior	
Ankunftszeit nennen	Sekretariat	15.09.	telefonisch	
Gespräche Prag	H. Kehl, M. Beil			✓
Info-Mappen zusammenstellen	Marketing			✓
Abendprogramm?	Olsen	Internet		
Bestätigung Rückflug	ESP S.A.	19.09.	in Madrid	

Punkte: 8 x 1,25 = _____ / 10

Arbeitg., Berlin & Co. 2, Lehrerhandbuch, ISBN 978-3-19-241390-8, © Hueber Verlag 2010

GRAMMATIK

Schreiben Sie die passenden Wörter in die Lücken.

0 ● Gestern _war_ ich in Köln. ■ Und wo sind Sie heute?

1 ● Bist du morgen im Kurs oder _____ du gestern schon da?

2 ● Nudeln _____ es vorgestern. Heute gibt es Reis.

3 ● Unsere Besprechung haben wir montags. Nur letzte Woche _____ wir sie am Dienstag.

4 ● Bitte schalte den Beamer aus. ■ Der ist schon _____.

5 ● Ist der Koffer schon _____? ■ Den packe ich gerade.

6 ● Ich glaube, die Post ist jetzt noch geöffnet. ■ Nein, die ist jetzt _____.

7 ● Wir müssen Papier bestellen. ■ Nein, das ist schon _____.

8 ● Müssen wir die Unterlagen noch kopieren oder sind die schon _____?

9 ● Ich habe keinen Kugelschreiber. ■ Hier ist _____. Nehmen Sie den.

10 ● Haben wir noch Papier oder brauchen wir _____?

Punkte: _____ / 10

SCHREIBEN

Sie waren dienstlich in Prag. Schreiben Sie einen kurzen Bericht:

• Wo waren Sie, wie lange?
• Was hatten Sie dort zu tun?
• Was ist erledigt?
• Was ist noch nicht erledigt?
• Was müssen Sie jetzt machen?

Prahamedia – Montagearbeiten
– Gespräch über Gerätekauf –
Angebot schreiben

_____

_____

_____

_____

_____

Punkte: _____ / 10

WORTSCHATZ

a) Schreiben Sie das Gegenteil

0 lang   _kurz_

1 gut   _____

2 kompliziert _____

3 höflich   _____

4 interessant _____

5 schwer   _____

Punkte: _____ / 5

b) Ordnen Sie zu.

0 den Termin   A herunterdrehen

1 die Heizung auf 10°   B ausschalten

2 den Koffer   C verschieben

3 das Fenster   D verteilen

4 das Licht   E schließen

5 die Arbeitsblätter   F packen

Punkte: _____ / 5

Ergebnis: _____ Punkte x 2 = _____ / 100

Alltag, Beruf & Co. 2, Lehrerhandbuch, ISBN 978-3-19-241590-6, © Hueber Verlag 2010

LEKTION 5: WIE GEHT'S? WAS FEHLT IHNEN?

Die Redezeit der Kursteilnehmer: „dran nehmen" oder „dran sein"?

Eine Kollegin machte folgende Rechnung auf: Bei Kursen mit bis zu 30 Teilnehmern kommt jeder Einzelne gerade mal für 30 Sekunden dran – viel zu wenig, um eine Sprache vernünftig zu lernen. Die Kollegin hat dabei realistischerweise einkalkuliert, dass sie als Kursleiterin den überwiegenden Anteil der verfügbaren Unterrichtzeit beansprucht. Tatsächlich haben Erhebungen gezeigt, dass die Redezeit des Kursleiters für organisatorische Bekanntmachungen, Fragen und Nachfragen, Arbeitsanweisungen, Erklärungen und Kommentare gemeinhin unterschätzt wird. Die den Teilnehmern zur Verfügung stehende Redezeit dürfte häufig noch unter den erwähnten kärglichen 30 Sekunden liegen. Mancher verlässt am Ende einer Unterrichtseinheit gar die Klasse, ohne Gelegenheit zu einem aktiven Beitrag gesucht und bekommen zu haben, ohne „drangekommen" zu sein.

Oft setzt sich naturwüchsig eine Konstellation durch, die den Bekenntnissen gegen Frontalunterricht und für Lernerzentrierung widerspricht: L stellt Fragen – nimmt einen Teilnehmer dran – bestätigt, korrigiert oder kommentiert anderweitig die KT-Antwort – stellt die nächste Aufgabe – nimmt einen anderen KT dran usw. Auf diese Weise sichern wir zwar maximale Kontrolle über die KT-Äußerungen in allen Unterrichtsphasen. Der Preis dafür sind allerdings die genannten 30-Sekunden-Portionen. Dabei ist der Unterricht häufig die einzige Möglichkeit zur Erprobung der Zielsprache.

Diese Konstellation widerspricht dem Verfahren, das wir aus anderen Lebensbereichen kennen und gut heißen: Im Sportunterricht springen die Schüler gemeinsam – und nicht nacheinander – vom Startblock ins Wasser. Im Chemie-Unterricht erproben die Schüler in Gruppen den Ablauf eines vorbereiteten Experiments. In der Lehrwerkstatt bearbeiten die Auszubildenden gleichzeitig und nicht nacheinander ihr Werkstück. Ein Nacheinander würde das Erreichen des Trainingsziels unmöglich machen. So ist es auch im Deutschunterricht.

Zwei Vorschläge zur Durchnahme von Hörübung 8, Lektion 5, Seite 48 können die Umsetzung im Sprachunterricht veranschaulichen.

Übung 8, Variante A	Übung 8, Variante B
a) • L erklärt dieAufgabenstellung. KT hören zu. L fordert die KT auf, die Vorgaben und den Lückentest zu lesen. KT hören den Dialog. • L bittet einen KT, Satz 1 zu lesen. KT 1 liest. L ruft den nächsten KT auf. … usw. Bei falscher Lösung bittet L den nächsten KT um Korrektur KT hören den Dialog zum zweiten Mal. L fragt: *Untersucht der Arzt Frau Paetzold?* KT antwortet *Ja / Nein*. L stellt dem nächsten KT die nächste Frage. … usw.	a) • Gestützt auf die Vorarbeit in Übung 7 besprechen KT in Gruppen, zu welchen Punkten sie vor dem Hören plausible Vermutungen anstellen können. • Nach dem Hören überprüfen die Gruppen ihre Vermutungen. Eine Gruppe trägt einer anderen ihre Lösungen vor. Die Gruppen vergleichen ihre Lösungen und halten Meinungsverschiedenheiten für ein zweites Hören fest. b) • Gestützt aufs erste Hören besprechen KT in Gruppen, welche Punkte sie vor dem zweiten Hören beantworten können. • Nach dem Hören ergänzen KT ihre Antworten und erarbeiten in Partnerarbeit einen zusammenhängenden Vortrag: *Der Arzt untersucht Frau Paetzold und überweist sie zum … Er verschreibt ihr aber keine …* usw. KT tragen anderen KT oder dem Plenum vor.

Entscheiden Sie selbst, welche Variante die KT aus der „30-Sekunden-Klemme" befreit. Jedenfalls legt ein vielköpfiger Kurs der Variante B keine Hindernisse in den Weg. Ein kleiner Kurs wäre allerdings der Gruppenbildung und dem Austausch zwischen den Gruppen nicht förderlich.

Chorsprechen (in den Sprech- und Ausspracheübungen) und Reihenübungen sowie die in allen Lektionen sehr häufigen dialogischen Partnerübungen, Partnerkorrektur bei der Auswertung von Übungen sind weitere Instrumente zur Erhöhung der Sprechanteile der Teilnehmer in knapp bemessener Zeit.

Durchnahmevorschlag, Transkripte, Lösungen

IM ALLTAG

Befinden: Unwohlsein, Beschwerden, Krankheit – *Mir ist schlecht / übel. Mir geht es gut.* – Ratschläge zur Behandlung – Entschuldigungsschreiben – Vergangenheit: Perfekt mit *haben* (schwache und starke Verben, Verben mit trennbarer und untrennbarer Vorsilbe)

	Lektion	Übungen / Hausaufgaben	interkulturelle LK
Übung 1	L fragt KT: *Wie geht es Ihnen? Geht es Ihnen gut?* und stimmt sie anhand der Einstiegsabbildung auf das Thema ein. Nach wenigen Minuten beginnt die Partnerarbeit. Beim Schritt von *Hast du Kopfschmerzen?* zu *Hast du schlecht geschlafen?* können sich KT auf die Kenntnis der Partizipialbildung (Lektion 3) stützen.	**A** und **B** können während der Partnerarbeit zur systematischen Einübung der Redewendungen herangezogen werden. Einträge ins persönliche Vokabelheft der KT sind hier am Platz.	Die Frage *Wie geht's? / Wie geht es Ihnen*? ist im deutschen Sprachbereich eher Teil der Begrüßungsformel. Die Antwort ist im Allgemeinen *Danke, gut*. Davon zu unterscheiden sind die besorgten Fragen in Ü 1, bei denen eine wahrheitsgemäße Antwort erwartet wird.
Übung 2 CD 1, 20	Der Textvergleich zwischen dem Hörtext und den Kurztexten A–C macht die KT „im Vorübergehen" mit den Gegenwarts- und Vergangenheitsformen vertraut, die erst ab Ü 3 bewusst gemacht werden.	**C** bietet Gelegenheit zum Nachspielen des Dialogs von Übung 2 und bildet die Brücke zu Übung 3.	
Übung 3	L knüpft an Beschwerden an, die in der Partnerarbeit Ü 1 genannt worden sind, und fragt: *Was kann man dagegen tun?* Nach kurzer vorbereitender Diskussion machen die KT die Sprechübung zu zweit oder in Gruppen.	**D**: Hier nutzen die KT ihr Vorwissen zur Partizipialbildung aus Lektion 3. **E** lenkt die Aufmerksamkeit auf das harte Auslaut-*d / t* (wie im Partizip der schwachen Verben).	
Übung 4 CD AB 21–22	Die Perfektbildung wird zum grammatischen Lernanliegen. Die KT richten ihr Augenmerk sowohl auf die Formen als auch auf den Satzbau. Die Grammatikübersicht S. 51 bietet alle dazu notwendigen Hinweise.	**F** knüpft an die Aufgabenstellung von Ü 4 an. Durchnahme: sowohl a) und b), arbeitsteilig oder Teil a) gemeinsam im Unterricht, Teil b) zu Hause. – Ein Durchlauf ohne CD anhand des Transkripts sichert den flüssigen Ablauf von **G**.	
Übung 5	KT wählen eine Variante a), b) oder c), machen eine weitere Variante als Hausaufgabe oder machen alles zu Hause.		
Übung 6	L stößt die Aktivität mit einem Beispiel an. KT bewegen sich frei im Kursraum, nennen Beschwerden und geben Ratschläge.	Auch **H** kann bei Bedarf die Kursraumaktivität anstoßen; sonst schriftlich als Hausaufgabe.	

TRANSKRIPT LEKTION

Übung 2
- ● Bruno, was ist denn mit dir los? Du siehst müde aus. Hast du nicht gut geschlafen?
- ▲ Sehr schlecht. Ich habe fast gar nicht geschlafen.
- ● Was fehlt dir denn? Bist du krank?
- ▲ Ach, ich weiß nicht. Ich habe schon seit ein paar Tagen Kopfschmerzen. Jetzt habe ich auch noch Halsschmerzen und Husten.
- ● Hast du vielleicht auch Fieber?
- ▲ Ja, vielleicht.
- ● Du musst deine Temperatur messen. Hast du das schon gemacht?
- ▲ Nein, aber das mache ich gleich.
- ● Und iss was. Ich mache dir einen heißen Tee.
- ▲ Ach nein, ich habe keinen Appetit. Mir ist auch ziemlich übel.
- ● Dir ist übel? Hast du vielleicht etwas Falsches gegessen?
- ▲ Das glaube ich nicht.
- ● Also, ich meine, du solltest heute im Bett bleiben. Nimm erst mal eine Tablette. Aspirin hilft. Oder du gehst zum Arzt. Was meinst du?
- ▲ Ich glaube, ich gehe wieder ins Bett.

TRANSKRIPT ÜBUNGEN

Übung G a)
- ● Wir müssen die Tabletten kaufen.
- ▲ Die habe ich schon gekauft.
- ● Wir müssen die Übung machen.
- ▲ Die habe ich schon gemacht.
- ● Wir müssen das Auto holen.
- ▲ Das habe ich schon geholt.
- ● Wir müssen die Reise buchen.
- ▲ Die habe ich schon gebucht.
- ● Wir müssen den Chef fragen.
- ▲ Den habe ich schon gefragt.
- ● Wir müssen die Arbeiten planen.
- ▲ Die habe schon geplant.
- ● Wir müssen das Programm starten.
- ▲ Das habe ich schon gestartet.

Übung G b)
- ● Du musst deine Tablette nehmen.
- ▲ Die habe ich schon genommen.
- ● Du musst den Tee trinken.
- ▲ Den habe ich schon getrunken.
- ● Du musst die Suppe essen.
- ▲ Die habe ich schon gegessen.
- ● Du musst den Brief schreiben.
- ▲ Den habe ich schon geschrieben.
- ● Du musst das Fenster schließen.
- ▲ Das habe ich schon geschlossen.
- ▲ Du musst deine Temperatur messen.
- ● Die habe ich schon gemessen.
- ▲ Du musst die Papiere finden.
- ● Die habe ich schon gefunden.

LÖSUNGEN LEKTION

Übung 2: Text B ist richtig

Übung 3: (siehe Lösungsbeispiele im Buch)

Übung 4:

1	Verb 1	...	Verb 2
Ich	habe	nicht gut	geschlafen.
Ich	habe	wenig	gegessen.
Ich	habe	meine Temperatur	gemessen.
Dann	habe	ich einen Termin beim Arzt	vereinbart.
Der Arzt	hat	mir Bettruhe	verordnet.

Übung 5: Lösungsbeispiele: Liebe Ulla, leider kann ich den Termin nicht einhalten. Meine rechte Hand ist verletzt. Morgen muss ich wieder zum Arzt. Ich rufe dich an. Gruß Peter. – b) Lieber Herr Wandlitz, leider kann ich an der Besprechung nicht teilnehmen. Ich habe plötzlich hohes Fieber bekommen und der Arzt hat (mir) Bettruhe verordnet. Nächste Woche bin ich wieder im Büro. Mit freundlichen Grüßen Sigmund Häberle – c) Liebe Frau Brenner, leider kann ich nicht zum Unterricht kommen. Ich hatte einen Unfall. Mein Bein ist gebrochen. Ich muss drei Wochen im Krankenhaus bleiben. Gruß Samira Mutinda

IM BERUF

Arbeitsunfall – Arztbesuch – Perfekt mit *haben* und *sein* – „n-Deklination": *den / dem Patienten, Kunden, Kollegen ...*

	Lektion	Übungen / Hausaufgaben	interkulturelle LK
Übung 7 Projektionsfolie der Abbildung	KT versuchen zunächst den Unfallhergang, der der Abbildung zu entnehmen ist, anhand der OHP-Projektionsfolie zu rekonstruieren. Das Buch bleibt geschlossen. Die Redemittel-Vorgaben werden schrittweise nach Bedarf herangezogen.		„Freitag der 13.": Glücks- und Unglückstage in den Herkunftsländern der KT Vergleich der medizinischen Versorgung: Wohin gehen bei Unfällen / bei Erkrankungen: Private Arztpraxis? Krankenhaus? Gesundheitszentren? Polikliniken? ...? Überweisung Verschreibung von Medikamenten Kosten und Kostenabwicklung
Übung 8 CD 1, 21	Teil a) ist durch Übung 1 weitgehend vorentlastet. KT füllen die Lücken vor dem Hören probeweise aus und überprüfen bzw. ergänzen ihre Einträge beim Hören. Falls erforderlich Teil b) in einem zweiten Durchgang bearbeiten. (Siehe auch den Bearbeitungsvorschlag auf Seite 39.) Das Gespräch über „Freitag, den 13." schließt den Unterrichtsschritt ab.	**I** enthält den Vorgang aus Ü 7 in einer Parallelversion. Ein zusammenhängender Vortrag von a) – f) im Perfekt ist nützlich. **J** kann ein Gespräch über Glücks- und Unglückstage und -symbole im Herkunftsland der KT zusätzlich motivieren.	
Übung 9 CD AB 23	KT suchen zunächst die zu den Abbildungen passenden Sätze, bringen sie in die richtige Ordnung und tragen den Hergang vor. Dann wenden sie sich dem zweiten Fall zu. Alternativ: arbeitsteilige Bearbeitung in zwei Gruppen. Teil b) bietet Anlass, das *sein-* und *haben*-Perfekt bewusst zu machen.	**K:** Die Sprechübung dient dazu, alle Formen des Partizips einzuschleifen. Ein Durchgang anhand des Trasnkripts vor Abspielen der CD sichert den flüssigen Ablauf.	
Übung 10	Nach der eng geführten Übung 9 mobilisieren die KT hier ihren Wortschatz und wenden den Stoff der Lektion selbstständig an. Auch hier empfiehlt sich arbeitsteilige Bearbeitung. L verteilt die drei Fälle auf Gruppen oder KT wählen einen der drei Fälle. Ein beiläufiger Hinweis auf die Maskulina der n-Deklination genügt.	**L, M** (n-Deklination) und **N** sind in erster Linie, aber natürlich nicht nur, für die Vertiefung zu Hause gedacht.	

TRANSKRIPT LEKTION

Übung 8
- Guten Tag, Frau …
- ▲ … Paetzold, Antje Paetzold.
- Was fehlt Ihnen, Frau Paetzold? Was kann ich für Sie tun?
- ▲ Ich hatte einen Unfall. Mein Fuß …
- Oh ja, ich sehe. Der rechte Fuß ist verletzt. Er ist ziemlich dick. Was ist denn passiert?
- ▲ Ich bin die Treppe runtergefallen.
- Zu Hause oder am Arbeitsplatz?
- ▲ In der Firma.
- Also ein Arbeitsunfall. Das muss Ihre Krankenkasse der Berufsgenossenschaft melden. Wie ist das passiert?
- ▲ Ich bin vom Kundenzentrum ins Büro im Obergeschoss gegangen. Da habe ich Unterlagen für einen Kunden geholt. Ich hatte es eilig. Der Kunde hat ja unten gewartet. Auf der Treppe bin ich dann gestürzt.
- Auf dem Weg nach oben oder nach unten?
- ▲ Nach unten. Ich habe eine Mappe und zwei schwere Ordner getragen. Da habe ich die Stufen nicht gut gesehen …
- … und da sind Sie die Treppe runtergefallen. Oje!
- ▲ Ja ja, der Besucher hat seinen Aktenkoffer auf die Treppe gestellt. Ich bin über den Koffer gestolpert. Den habe ich nicht gesehen. Ich habe ja die Ordner und die Mappe getragen.
- Na ja, kein Wunder, Frau Paetzold, heute ist Freitag, der dreizehnte. Das kann ja nicht gutgehen. Also jetzt untersuche ich den Fuß mal. Sehen wir ihn uns mal genauer an. Ich versuche jetzt, ihn zu bewegen. Tut das weh?
- ▲ Jaaa. Aua!
- Und Sie können ihn auch nicht selbst bewegen?
- ▲ Ich glaube nicht. Nein, bewegen kann ich ihn nicht.
- Vielleicht ist da etwas gebrochen. Ich überweise Sie zum Chirurgen. Der muss den Fuß röntgen. Die Praxis von Dr. Fischer ist ja hier im Haus. Jetzt schreibe ich Sie erst einmal für eine Woche krank.

TRANSKRIPT ÜBUNGEN

Übung K a)
- Achtung, hier fällt man leicht runter.
- ▲ Hier bin ich schon mal runtergefallen.
- Achtung, hier stolpert man leicht.
- ▲ Hier bin ich schon mal gestolpert.
- Achtung, hier stürzt man leicht.
- ▲ Hier bin ich schon mal gestürzt.
- Achtung, hier rutscht man leicht aus.
- ▲ Hier bin ich schon mal ausgerutscht.
- Achtung, hier geht man leicht in die falsche Richtung.
- ▲ Hier bin ich schon mal in die falsche Richtung gegangen.
- Achtung, hier fährt man leicht zu schnell.
- ▲ Hier bin ich schon mal zu schnell gefahren.

LÖSUNGEN LEKTION

Übung 7: Lösungsbeispiel: Die Mitarbeiterin ist ins Büro in der ersten Etage gegangen. Sie hat Unterlagen aus dem Büro geholt. Dann ist sie die Treppe runtergegangen. Sie hat die Unterlagen getragen und den Koffer nicht gesehen. Sie ist gestolpert und sie ist die Treppe runtergefallen. Jetzt tut ihr der Arm weh. Ihre Hand ist verletzt. Vielleicht ist der Arm gebrochen. Sie muss zum Arzt.

Übung 8: a) Arbeitsunfall – die Treppe – Kundenzentrum – Obergeschoss – eine Mappe und zwei Ordner – Kunden – gestürzt – seinen Aktenkoffer – gesehen – gestolpert
b) Der Arzt untersucht Frau Petzold, überweist sie zum Chirurgen, schreibt sie krank.
c) (siehe Text Seite 54, Übung J)

Übung 9: a) Bericht 1: A – D – C – H; Bericht 2: B – G / E – E / G – F; b) ist … geflogen, hat … überwiesen, habe … getragen, habe … entladen, hat … überwiesen / krankgeschrieben, bin … gefallen

Übung 10: (einige Nomen) dem / den Chirurgen, Praktikanten, Kollegen, Namen, Herrn

Lektion 5

MAGAZIN

Singen: drei Lieder zu Gesundheit, Beschwerden, Ärzte und Fachärzte.

	Lektion	Übungen / Hausaufgaben	interkulturelle LK
Übung 11	Die Texte enthalten viele neue Wörter. L muss besonders darauf achten, dass der Kurs sich nicht in überflüssige Worterklärungen verstrickt. Zunächst müssen KT nur verstehen, dass es um Beschwerden, Organe / Körperteile, Therapieformen geht. Dabei helfen die zugehörigen Texte und Arztschilder. Manche der vorkommenden Beschwerden können die KT, dem spielerischen Charakter des Magazins entsprechend, pantomimisch darstellen. Manche Wörter können nicht erschlossen werden und können unverstanden bleiben.		Arztbesuch in D-A-CH und im Heimatland der KT: Wohin gehen Sie bei Unfällen / bei Erkrankungen: Private Arztpraxis? Krankenhaus? Gesundheitszentren? Polikliniken? ...? Überweisung Verschreibung von Medikamenten Kosten und Kostenabwicklung Lieder zu Krankheit, Gesundheit, Beschwerden aus dem Heimatland der KT
Übung 12 CD 1, 22–24	Die Übung erinnert daran, dass in jedem Kurs wenigstens einmal gesungen werden sollte. Es löst die Zunge, prägt Wortschatz ein und fördert Teamgeist. Eine gewissen Befangenheit mancher KT dabei ist erfahrungsgemäß schnell überwunden. Natürlich können sie sich an allen drei Liedern versuchen. Um aber den Zeitrahmen nicht zu sprengen, genügt auch eins, eventuell mit späterem oder außerunterrichtlichem Rückgriff auf die verbleibenden oder auf ganz andere Lieder.		

TRANSKRIPT LEKTION

Übung 12
(siehe die Texte auf Seite 50 im Kursbuch)

LÖSUNGEN LEKTION

Übung 11:
Text 1: Augenärztin Dr. Veith
Text 2: Gerd Kreuzer, Arzt für Allgemeinmedizin; Dr. F. W. Ulrich, Facharzt für Hals-, Nasen-, Ohrenheilkunde
Text 3: Dr. Ruth Meckel, Fachärztin für innere Krankheiten
Text 4: Dr. Jörn Utz, Facharzt für Orthopädie, Chirotherapie, Sportmedizin

LEKTION 6: DEN SCHRANK? DEN STELLEN WIR DA IN DIE ECKE.

Die Anwendungsübungen am Ende jeder Doppelseite

Nehmen wir an, wir schneiden die vier, fünf oder sechs Übungen einer Doppelseite auseinander und setzen sie, in Kenntnis der Phasierung, als Puzzle neu zusammen. Dann wäre es möglich und plausibel, dass die letzte Übung (auf der rechten Seite unten: **Anwendung**) an die Stelle der ersten Übung (auf der linken Seite oben: **Einstieg**) rückt und umgekehrt. Denn die Einstiegs- und die Anwendungsübung sind einander sehr ähnlich (siehe auch Seite 17 und Lehrerhandbuch *AB&C* Band 1, Seite 11):

• Wie die Einstiegsübung ist die Anwendungsübung auf selbstständige sprachliche Produktion angelegt.
• Wie die Einstiegsübung wird sie in Gruppen- oder Partnerarbeit durchgeführt.
• Wie in der Einstiegsübung verlangt sie vom L Zurückhaltung, Beschränkung auf das Anstoßen und Moderieren der Sprechtätigkeit.
• Wie in der Einstiegsübung übernehmen die KT das Unterrichtsgeschehen weitgehend.
• Wie in der Einstiegsübung korrigiert und kontrolliert L das Geschehen zurückhaltend und braucht im Idealfall nicht einzugreifen.

Auf den zweiten Blick zeigen sich jedoch Unterschiede. Nehmen wir die Einstiegs- und Anwendungsübung Lektion 6, Seite 56 / 57:

Übung 1 fordert den Umgang mit Direktivergänzungen; sie sind bereits aus *AB&C* Band 1 bekannt bzw. werden als bekannt vorausgesetzt. Die Übung knüpft also in bewährter Weise an Vorwissen an. Allerdings müssen die KT dieses Vorwissen im neuen Handlungsfeld Wohnung, Möbel, Wohnungseinrichtung erproben. Das bedeutet Aneignung von und Umgang mit umfangreichem Vokabular. Deshalb schlagen wir die Beschränkung auf das Verb *stellen* vor.
Das Lernziel der Anwendungsübung 6 ist mit dem der Einstiegsübung 1 identisch. Aber hier, am Ziel der Unterrichtsstrecke, wird der auf dem Lernweg (hoffentlich) erworbene **didaktische Mehrwert** zusammengeführt, in diesem Fall:

• die Verwendungsweise von *legen* und *hängen* sowie das unspezifische (und damit besonders produktive) *tun* zusätzlich zu *stellen*,
• der Perspektivenwechsel anhand von *gehören WOHIN*: *Wohin stellen wir den Schrank? – Der Schrank gehört ins Schlafzimmer*,
• das Modalverb *dürfen*,
• ein umfangreicheres Vokabular.

Die Anwendungsübung weist also gegenüber der Einstiegsübung ein erweitertes Inventar auf und ist der Prüfstein für den Unterrichtserfolg: Die KT sind (hoffentlich) nicht mehr auf dem Stand von Übung 1, sondern „beherrschen" jetzt die verlangte Sprachhandlung richtiger, flüssiger, selbstbewusster und in komplexeren Zusammenhängen als zu Beginn. In der Einstiegsphase, der Phase des probierenden Sprechens, hält sich L mit Korrekturen und Erklärungen zurück, weil richtiges und flüssiges Sprechen weder zu erwarten noch angestrebt ist. In der Anwendungsphase verhält sich L zurückhaltend, weil es nun klappt (klappen sollte), Eingriffe also unnötig und störend wären und nur für den Fall von Stockungen im Ablauf angebracht sind.

Einen weiteren Aspekt zeigt die Anwendungsübung 10, „im Beruf", Seite 59: Nun sind die Grundlagen dafür gelegt, dass die KT ihren jeweiligen Erfahrungshintergrund einbringen können. Mit der Überschrift *Unser Büro, unser Unterrichtsraum, unser Lager, unser Labor* öffnet sich der Unterricht gegenüber dem individuellen sprachlichen Handlungsbedarf der KT. Aufgabe des L ist es, Gruppen mit ähnlichen Interessen, ähnlichem Erfahrungshintergrund, ähnlichem Sprachbedarf zusammenzustellen und bei Engpässen mit Wortschatz auszuhelfen. Erfahrungsgemäß halten aber zumindest die KT mit Berufserfahrungen umfangreichen einschlägigen Wortschatz bereit.

Lektion 6

Durchnahmevorschlag, Transkripte, Lösungen

IM ALLTAG

Umzug, Einzug, Wohnung einrichten, Möblierung: *Wohin tun / legen / stellen / hängen wir den / das die …? Wohin gehört / kommt der / das / die …?* – Ortsangaben: *an, in, vor, neben, zwischen, auf, unter* – Erlaubnis (*dürfen*), Verbot (*nicht dürfen, ist verboten*), Gebot (*müssen*)

	Lektion	Übungen	interkulturelle LK
Übung 1	KT tragen ihre Platzierungsvorschläge in den Wohnungsgrundriss ein. Zusätzlicher Schritt: Vergleich der verschiedenen Lösungen *(Wohin hast du den … gestellt?)* Alternativ: KT richten Kursraum ein. Teil b): Verstehen von Mietangeboten.	**A** festigt den thematischen Wortschatz aus Übung 1 und bereitet Übung 2 vor. Das Leseverstehen **B** dient eher der Vertiefung zu Hause.	Die Personen sind eher studentische Typen. Wie wohnen Studenten bei Ihnen? Wie sind die Mietpreise? Der Wohnungsmarkt und Wohnformen in D-A-CH im Vergleich zu den Herkunftsländern der KT
Übung 2 CD 1, 25	„Die neue Wohnung" entspricht dem Grundriss Ü 1. Mit ihm können KT demonstrieren: Wohin sind die Möbel gekommen? Auch Übung 1 b) kann nach dem Hören noch einmal aufgegriffen werden.	**C** wendet die Struktur in erweiterten Zusammenhängen an und lenkt den Blick auf die formale Richtigkeit.	
Übung 3 Projektionsfolie CD AB 24	Das Äußerungsmuster verbindet *Der / Das / Die … gehört* WOHIN – *Ich stelle den / das / die … WOHIN.* In Partnerarbeit oder die KT versammeln sich am OHP und erläutern ihre Ideen anhand der Folienprojektion.	**D** kann Übung 3 in Gang setzen, abschließen oder ersetzen. Übung b) greift *am besten* (Le 5, Ü 6) wieder auf.	
Übung 4 CD 1, 26–28	Einführung von *dürfen*; Dialog 1 knüpft an Ü2 an, sodass KT in Teil a) vor dem Hören Vermutungen zu *Wer sagt das?* anstellen können.		
Übung 5 Tafelanschrieb	Der Satzbau (Verb 1 und 2) ist bekannt, wird aber erfahrungsgemäß nicht beherrscht. Korrigieren Sie und weisen Sie bei Bedarf auf den Satzbauriegel Seite 61, Nr. 3 (Tafelanschrieb!) hin.	**E** dient zur Abgrenzung von *müssen, können* und *dürfen.* Optionen: • arbeitsteilige Gruppenarbeit und Lösungen vortragen; • im Unterricht beginnen, Rest als Hausaufgabe.	
Übung 6	Dialogmuster mit jeweils einem KT durchspielen. Jeweils zwei KT machen weiter. Dann beginnt die Partnerarbeit.		

TRANSKRIPT LEKTION

Übung 2

▲ Au wei, Stefan, all die Bücherkartons in die vierte Etage, und den Aufzug dürfen wir nicht benutzen.
● Ja, die Wohnung in der ersten Etage war wirklich praktischer. Aber die war einfach zu teuer. Also los!
▲ Gut, zuerst die Möbel.
● Klar, als Erstes bringen wir den Kleiderschrank ins Schlafzimmer. Den stellen wir rechts an die Wand. Dann das Bücherregal ins Wohnzimmer zwischen die Fenster. Das montiere ich später.

▲ Dann stellen wir die Bücherkartons am besten in die Diele. Aber zuerst die Schranktüren …
▲ Wie geht's jetzt weiter?
● Nimm den Plan hier. Da habe ich alles aufgezeichnet. Zuerst die Sachen für die Küche: Den Herd nehmen wir zu zweit. Der kommt neben den Spültisch, und neben den Herd den Kühlschrank. Der passt gerade noch in die Ecke. Den Esstisch und die drei Stühle stellen wir in die Mitte. Das Bett und die Matratze gehören natürlich ins Schlafzimmer. Das Bett möchte ich an die Wand links stellen – so, siehst du? Meinen Schreibtisch möchte ich auch ins Schlafzimmer stellen, vor das Fenster.

▲ Wie, nicht ins Wohnzimmer?

● Ach, Wohnzimmer, Schlafzimmer! Was soll's!? Am Schlafzimmerfenster ist das Licht gut, da kann man gut arbeiten.

▼ Also hören Sie mal, Sie stehen im Parkverbot. Hier dürfen Sie nicht parken.

● Wirklich? Oh ja, stimmt, hier darf man nicht parken. Aber wir ziehen um, wir müssen doch die Möbel, die Bücher und so weiter ausladen und in die Wohnung bringen.

▼ Ach, Sie sind der neue Mieter. Ja, aber da brauchen Sie …

Übung 4

Dialog 1

● Die vielen schweren Bücherkartons! Oh Stefan, schaffen wir das?

▲ Nicht sauer sein. Den Personenaufzug dürfen wir nicht benutzen. Lasten darfst du damit nicht transportieren. Der ist nur für Personen konstruiert. Wir müssen die Treppe nehmen.

● Und das in die 4. Etage!

▲ Ja, tut mir leid!

● Also los!

Dialog 2

● Hören Sie mal, hier ist Parkverbot. Hier dürfen Sie nicht parken. Haben Sie das Schild nicht gesehen?

▲ Doch, aber ich glaube, hier darf ich parken. Wir müssen doch die Sachen ausladen. Die können wir doch nicht 500 Meter durch die Straße tragen.

● Sie müssen ins Parkhaus, gleich hier um die Ecke. Ohne Erlaubnis darf man hier nicht stehen. Das geht nicht. Sie brauchen eine Erlaubnis. Schriftlich! Oder Sie müssen ein paar Meter weiterfahren.

Dialog 3

● Guten Tag, darf ich mal Ihre Papiere sehen – Führerschein und Fahrzeugschein bitte.

▲ Ja, bitte. Was ist denn los?

● Frau Holtzbrink, wie schnell sind Sie eben gefahren? Was meinen Sie?

▲ Na ja, 55. Oder 60? Ach nein …

● 76, genau 76! Hier dürfen Sie nicht so schnell fahren. 50 sind hier erlaubt. Sie sind noch in der Stadt.

▲ Ja ja, ich weiß, aber …

TRANSKRIPT ÜBUNGEN

Übung D b)

● Was machen wir mit dem Brot?

▲ Das legt ihr am besten in den Schrank.

● Was machen wir mit der Cola?

▲ Die stellt ihr am besten in den Kühlschrank.

● Was machen wir mit dem Stuhl?

▲ Den stellt ihr am besten an den Tisch.

● Was machen wir mit dem Paket?

▲ Das stellt ihr am besten auf den Boden.

● Was machen wir mit dem Bild?

▲ Das hängt ihr am besten an die Wand.

● Was machen wir mit den Gläsern?

▲ Die stellt ihr am besten ins Regal.

● Was machen wir mit der Lampe?

▲ Die stellt ihr am besten zwischen die Regale.

● Was machen wir mit der Blume?

▲ Die stellt ihr am besten vor das Regal.

LÖSUNGEN LEKTION

Übung 1: b) die 2. Anzeige (Stadtmitte, 2 Zi, Kü / Di / B …)

Übung 2: das Bett: ins Schlafzimmer – die Stühle: in die Küche – der Kleiderschrank: ins Schlafzimmer – die Bücherkartons: in die Diele – der Schreibtisch: ins Schlafzimmer – das Bücherregal: ins Wohnzimmer – der Kühlschrank: in die Küche – der Herd: in die Küche

Übung 3: Der Teppich gehört auf den Boden. Bitte leg ihn auf den Boden. – Okay, ich tue / lege ihn auf den Boden. – Die Blumen … (siehe Beispiel) – Die Vase gehört auf den Tisch. – Okay, ich tue / stelle sie auf den Tisch. – Das Bild gehört an die Wand. Bitte häng es an die Wand. – Okay, ich hänge es an die Wand. – Die Lampe gehört an die Zimmerdecke. Häng Sie bitte an die Zimmerdecke. – Okay, ich hänge sie an die Zimmerdecke. – Die Tischdecke gehört auf den Tisch. Tu / Leg Sie bitte auf den Tisch. – Okay, ich tue / lege sie auf den Tisch. – Das Geschirr gehört in den Schrank. Tu / Stell es bitte in den Schrank. – Okay, ich tue / stelle es in den Schrank. – Die Stühle gehören an den Tisch. Stell Sie bitte an den Tisch. – Okay, ich tue / stelle sie an den Tisch.

Übung 4: a) Stefan in Dialog 1: 3, 5 – Der Hausmeister in Dialog 2: 1, 4 – Der Polizist in Dialog 3: 2, 6
b) Verbot: 1 den Personenaufzug benutzen, Lasten im Personenaufzug transportieren – 2 Parken – 3 55 / 76 km/h fahren; Gebot: 1 die Treppe nehmen – 2 im Parkhaus parken, Erlaubnis besorgen – 3 nur/höchstens 50 fahren; Grund: 1 Aufzug ist nur für Personen konstruiert – 2 Parkverbot, keine schriftliche Erlaubnis – 3 Geschwindigkeitsbegrenzung in der Stadt

IM BERUF

Ordnung ins Büro bringen: *Wohin tun / legen / stellen / hängen, schieben, bringen, … wir den / das / die …? Wohin gehört / kommt der / das / die …? Ortsangaben: an, in, vor, neben, zwischen, auf, unter; (nach) vorn / hinten links / rechts – Was darf man (nicht) / ist verboten?*

	Lektion	Übungen	interkulturelle LK
Übung 7 Projektionsfolie	Ähnlich wie auf Seite 56 / 57, zielen die Sprachhandlungen der Doppelseite darauf, Ordnung in die Unordnung zu bringen, hier in einer eher beruflichen Situation mit differenzierteren Ortsangaben. Mündliche Interaktion möglichst bei geschlossenem Buch, KT versammeln sich vor der Folienprojektion.		Arbeitsplatzgestaltung, Arbeitsatmosphäre und Umgangston hier – bei Ihnen.
Übung 8 CD 1, 29	Vor dem Hören verständigen sich die KT ausführlich über die Unterschiede in beiden Abbildungen. Nach dem Hören Frage a) beantworten und in Teil b) die Maßnahmen der Mitarbeiter beschreiben. (Aufgreifen Perfekt, siehe Le 5!) Teil c) semantisiert Redewendungen aus dem Dialog und kann Ausgangspunkt für eine kulturkontrastive Diskussion über den Umgangston im Büro sein.	Zwischen Übung 8 Teil a) und b) kann **F** die freie Wiederholung in Teil b) entlasten. **G** greift die Wendungen Übung 8 c) u. a. auf. Bei richtiger Lösung ergibt sich ein Dialog → Partnerarbeit!	
Übung 9 CD AB 25 CD AB 26–27	Die KT können sich auf den formalgrammatischen und semantischen Aspekt konzentrieren. Dazu wiederholt Partner 2 die Angaben von Partner 1 bestätigend – *Ich hänge es jetzt an die Wand.* – und nummeriert.	**H** a) und b): vertiefende Hausaufgabe, c) im Unterricht an Übung 9 anschließen. **I** können KT selbstständig in drei Schritten machen. Eine Zeitvorgabe für die Einzelschritte genügt zur Steuerung.	
Übung 10 Papier für Skizzen	L teilt KT nach Gruppen mit gemeinsamem beruflichen oder Lebenshintergrund (eigene Wohnung, Schule, Büro usw.) ein. KT diskutieren Ihr Projekt, zeichnen es auf großflächiges Papier und präsentieren es den anderen KT.	**J** und **K** fassen, wie häufig am Ende der Lektion, noch einmal den thematischen Wortschatz zusammen.	

TRANSKRIPT LEKTION

Übung 8

- ● Guten Morgen, Herr Kraushaar aus der Niederlassung Düsseldorf ist da.
- ▲ Guten Morgen und herzlich willkommen bei uns hier. Wir warten schon auf Hilfe.
- ● Das freut mich. Kraushaar, Peter Kraushaar. Guten Morgen.
- ■ Guten Morgen. Das ist Eberhard Wesel und ich heiße Karin Künnecke. Ja, also Eberhard und ich, wir brauchen wirklich Hilfe. Aber wir haben Ihre Ankunft nicht gut vorbereitet. Eberhard, jetzt müssen wir Platz schaffen.
- ▲ Mmm, das ist leichter gesagt als getan.
- ■ Ach was, das ist ganz einfach. Ich bin sicher, das geht schnell.
- ● Es ist wirklich ein bisschen eng hier mit den vier Tischen.
- ▲ Ja, die stehen schon lange hier. Wir brauchen ja nur drei. Nehmen Sie den großen. Den kleinen Tisch bringt der Hausmeister ins Möbellager.
- ■ Also los! Die Zeitschriften und Bücher kommen ins Regal. Eberhard, die Papiere auf dem Tisch, das sind deine, die gehören in den Rollcontainer. Den rollen wir unter den Schreibtisch. Da gehört er hin.
- ▲ Ja, ja, aber warte mal. Zuerst schieben wir unsere Schreibtische in die Mitte und stellen sie zusammen, auch den für Herrn Kraushaar.
- ● Peter! Peter Kraushaar!
- ▲ Ah, Peter! Freut mich. Ich bin der Eberhard, und das ist Karin.
- ■ Hallo, Peter!
- ● Hallo, Karin!
- ■ Dann haben wir eine große Arbeitsfläche, und wir können auch viel besser zusammenarbeiten als bisher. Für deinen Laptop ist auch Platz, Peter. Hier liegen sowieso viele Kabel. Da schließen wir ihn an.
- ● Und wohin kommt das Geschirr hier?
- ▲ In die Teeküche, den Flur nach links und dann die letzte Tür rechts.
- ● Okay, ich bringe es in die Teeküche.
- ■ Netter Kollege, der Peter.
- ▲ Ja, das finde ich auch.

TRANSKRIPT ÜBUNGEN

Übung H c)

- ● Kommt der Schreibtisch an die Wand?
- ▲ Nein, den stellen wir in die Mitte.
- ● Kommt der Teppich unter das Regal?
- ▲ Nein, den legen wir unter den Schreibtisch.
- ● Kommt das Regal in die Ecke rechts?
- ▲ Nein, das stellen wir in die Ecke links.
- ● Kommt die Lampe auf den Schrank?
- ▲ Nein, die hängen wir über den Schreibtisch.
- ● Kommt die Blume auf den Boden?
- ▲ Nein, die stellen wir auf den Schrank.
- ● Kommt der Bürostuhl hinter den Schreibtisch?
- ▲ Nein, den stellen wir vor den Schreibtisch.
- ● Kommt der Besucherstuhl links zwischen den Schreibtisch und das Regal?
- ▲ Nein, den stellen wir rechts neben den Schreibtisch.

Übung I b)

stellen – die Pläne – das Bett – legen – das Regal – die Idee – hängen – am besten – wenig – die Gäste – spät – stehen

Übung I c)

Wohin stellen wir die Sachen? – Hast du Vorschläge? – Das Bett kommt ins Schlafzimmer. – Das Regal tun wir in die Küche. – Das ist eine gute Idee. – Das Bild hängen wir an die Wand. – Am besten zwischen die Fenster. – Aber da ist wenig Platz. – Aber da kann man es gut präsentieren. – Das können wir später entscheiden. – Jetzt bleibt es auf dem Schrank. Da steht es gut.

LÖSUNGEN LEKTION

Übung 8: a) Das Bild rechts. – c) Das stimmt. Das ist richtig. – Wir müssen aufräumen. Wir müssen Ordnung machen. – Das geht schnell. Das dauert nicht lange. – Also los! Beginnen wir! – Da gehört es hin. Ja, das ist der richtige Platz. – Peter! Peter Kraushaar. Ihr könnt „du" zu mir sagen. – Wohin kommt das? Wohin kann man das tun? – Ja ja, schon gut. Einverstanden.

Übung 9: 1 auf den Tisch gelegt, 2 in den Schrank gestellt, 3 auf den Schrank getan, 4 an die Wand über dem Waschbecken, 5 an die Wand hinterm Schreibtisch, 6 an die Wand hinten in die Ecke, 7 an die Wand rechts zwischen Blume und Schreibtisch

Lektion 6

MAGAZIN

Ortsangaben, „konkrete Poesie", Paralleltext schreiben

	Lektion	Übungen	interkulturelle LK
Übung 11	Die vordergründige Brücke zur Lektion sind die Richtungsangaben am Ende des jeweiligen Sinnabschnitts im Jandl-Gedicht in Opposition zu den Orts- (Situativ-) Angaben (eingeführt in *AB&C 1*). Aber nicht die Grammatik steht im Vordergrund. Vielleicht haben die KT Interesse an einem Gespräch über das „Weltbild", das Jandl hier entwirft: Was ist in Unordnung geraten? Was ist weiterhin „in Ordnung"? Was ist hier „Ordnung"? … KT machen einen Paralleltext oder (in Gruppen) Paralleltexte wie im Beispiel.		
Übung 12 CD 1, 30	„Fünfter sein", gelesen von Ernst Jandl, ist einer seiner bekanntesten Texte. Er bietet eine Vielfalt von Möglichkeiten: Klärung der Situation (im Wartezimmer), oder … Stimmung (Angst vor dem Arzt / Zahnarzt, Gefahr kommt näher Paralleltexte: Frau (eine raus, eine rein …), Kind (eins raus, …) auswendiger Vortrag (mit Gewicht auf klarer Aussprache) …		Empfinden Sie das als „Poesie"? Können Sie ein Gedicht aus Ihrem Kulturkreis vortragen und den Inhalt erklären?

TRANSKRIPT LEKTION

Übung 12

tür auf   tür auf
einer raus   einer raus
einer rein   einer rein
vierter sein   nächster sein

tür auf   tür auf
einer raus   einer raus
einer rein   selber rein
dritter sein   tagherrdoktor

tür auf
einer raus
einer rein
zweiter sein

LÖSUNGEN LEKTION

Übung 11 (Lösungsbeispiel)
DIE FRAU GEHT IN DIE STADT
die frau ist in der stadt
DIE FRAU GEHT IN DAS KAUFHAUS
die frau ist in der stadt
die frau ist in dem kaufhaus
DAS KAUFHAUS KOMMT IN DAS DORF
die frau ist in der stadt
die frau ist in dem kaufhaus
das kaufhaus ist im dorf
DAS DORF GEHT AUF DEN BERG
die frau ist in der stadt
die frau ist in dem kaufhaus
das kaufhaus ist im dorf
das dorf ist auf dem berg
DER BERG KOMMT IN DIE ALPEN
die frau ist in der stadt
die frau ist in dem kaufhaus
das kaufhaus ist im dorf
das dorf ist auf dem berg
der berg ist in den alpen
…

Name: _____   **Kurs:** _____

HÖREN

Was ist richtig? A, B, oder C? Lesen Sie die Aufgaben 1–10. Hören Sie dann den Dialog Kursbuch Seite 58, Übung 8 (CD 1, 29) zweimal. Kreuzen Sie an.

Peter Kraushaar …

0 stellt das Geschirr ☒A ins Regal. ☒ in die Teeküche. ☒C auf den Rollcontainer.

1 ist ein ☒A Mitarbeiter aus Düsseldorf. ☒B ein Kunde aus Düsseldorf. ☒C ein Kollege aus Österreich.

2 soll hier ☒A Ordnung machen. ☒B die PCs anschließen. ☒C mitarbeiten.

3 bekommt ☒A ein eigenes Büro. ☒B einen Arbeitsplatz. ☒C kein Büro und keinen Arbeitsplatz.

4 bringt ☒A seine Teetasse ☒B seinen Koffer ☒C seinen Laptop mit.

5 findet: Es gibt ☒A wenig Platz ☒B genug Platz ☒C keinen Platz im Büro.

6 ist ☒A jung ☒B planvoll ☒C nett, finden Karin und Eberhard.

7 Im Büro gibt es zuerst

   ☒A drei, dann zwei Schreibtische. ☒B vier, dann drei Schreibtische. ☒C drei, dann vier Schreibtische.

8 Zum Schluss stehen die Schreibtische ☒A an den Wänden. ☒B in der Mitte. ☒C im Möbellager.

Punkte: 8 x 1,25 = _____ / 10

LESEN

Was ist richtig? A, B oder C. Suchen Sie die Lösungen im Text.

0 Der Brief ist ☒A von Sonja an Amanda. ☒B von Amanda an Sonja. ☒C von Sonja an einen Freund.

1 Sonja ist jetzt in ☒A Hamburg. ☒B Berlin. ☒C Wien.

2 Sie ☒A macht einen Sprachkurs. ☒B hat eine Stelle gefunden. ☒C arbeitet als Sekretärin.

3 Die beiden ☒A fahren nicht nach Wien. ☒B sind nach Wien gefahren. ☒C wollen nicht nach Wien fahren.

4 Der Unfall war ☒A im Erdgeschoss. ☒B in der 3. Etage. ☒C auf der Treppe.

5 Sonja hat eine ☒A Fußverletzung. ☒B Fuß- und eine Kopfverletzung. ☒C schwere Kopfverletzung.

6 Sie ☒A geht jetzt wieder zum Kurs. ☒B geht nur manchmal ins Kino. ☒C bleibt zu Hause.

7 Die Schmerzen ☒A waren groß. ☒B waren nicht groß. ☒C sind groß.

8 Sie ☒A nimmt Schmerztabletten. ☒B hat Schmerztabletten genommen. ☒C hat keine Tabletten mehr.

9 Sonja ☒A kann Amanda nicht treffen. ☒B will Amanda besuchen. ☒C lädt Amanda ein.

10 In vier Wochen ☒A muss sie wieder zum Arzt. ☒B ist sie wieder gesund. ☒C ist der Kurs zu Ende.

Punkte: _____ / 10

Liebe Amanda,

vielen Dank für Deinen letzten Brief und für den Bericht über Deinen Urlaub. Ich habe einer schöne Zeit hier in Berlin. Ich habe schon viel gesehen und viele nette Leute kennengelernt. Am Wochenende bin ich mit drei anderen aus dem Kurs nach Hamburg gefahren. Das ist ja nicht sehr weit von hier. Es war sehr interessant dort. Warst du schon mal in Hamburg und hast die Elbe, den Hafen und das Übersee-Museum gesehen? Aber jetzt muss ich über unsere Reisepläne sprechen. Es tut mir leid, aber unsere Kurzreise nach Wien ist nicht möglich. Vorgestern hatte ich einen Unfall. Ich habe in der Mediothek am Computer gearbeitet. Dann wollte ich in die Cafeteria im Erdgeschoss gehen. Auf der Treppe bin ich gestolpert. Ich bin die ganze Treppe runtergefallen. Zuerst hatte ich nur starke Schmerzen am Kopf. Aber das war keine schwere Verletzung. Das Problem ist mein Fuß. Der Arzt hat den Fuß untersucht. Mein Fuß ist gebrochen. Ich darf nicht viel laufen und kann nicht in die Stadt gehen. Zuerst hatte ich große Schmerzen. Aber es geht mir schon besser. Bald kann ich auch wieder in den Kurs. Zuerst habe ich Aspirin genommen, aber jetzt brauche ich die nicht mehr. Willst Du vielleicht nach Berlin kommen? Du musst natürlich die Stadt allein besichtigen. Oder Du wartest noch. In vier Wochen kann ich wieder laufen, sagt der Arzt.

Alltag, Beruf & Co. 2, Lehrerhandbuch, ISBN 978-3-19-241590-6, © Hueber Verlag 2010

GRAMMATIK

Was ist richtig? A, B, C oder D? Kreuzen Sie an.

0 Bitte Ⓐ hol Ⓑ holst ☒ holen Ⓓ holt Sie die Post ab.

1 Bruno, Ⓐ gehst Ⓑ geh Ⓒ gehen Sie Ⓓ gehen bitte zum Bahnhof. Kannst du das machen?

2 Der Zug Ⓐ kommt um elf an. Ⓑ ankommt um elf. Ⓒ um elf ankommen. Ⓓ um elf kommt an.

3 Kannst du bitte Brot einkaufen? Wir haben Ⓐ nicht. Ⓑ kein. Ⓒ keinen. Ⓓ keins mehr.

4 Kein Brot mehr? Doch, ich glaube, wir haben noch Ⓐ ein. Ⓑ kein. Ⓒ welches. Ⓓ welche.

5 Laden wir Petra ein? Die ist schon Ⓐ eingeladen. Ⓑ einladen. Ⓒ lädt ein. Ⓓ ausladen.

6 Vorige Woche Ⓐ haben Ⓑ waren Ⓒ hatten Ⓓ wollen wir eine Besprechung.

7 Wo Ⓐ hattest Ⓑ war Ⓒ bist Ⓓ warst du vorige Woche?

8 Hier ist Rauchen verboten. Hier Ⓐ sollen Ⓑ können Ⓒ dürfen Ⓓ wollen Sie nicht rauchen.

9 Hast du Zeit? Ja, im Moment habe ich nichts Ⓐ zu tun. Ⓑ machen. Ⓒ tun. Ⓓ gemacht.

10 Ich Ⓐ vorlese den Text. Ⓑ lese den Text vor. Ⓒ den Text lese vor. Ⓓ den Text vorlese.

Punkte: _____ / 10

SCHREIBEN

Wohin haben Sie die Möbel gestellt? Beschreiben Sie Ihr Zimmer. Schreiben Sie mindestens fünf Sätze.

Den Tisch habe ich _____

_____

_____

_____

_____

_____

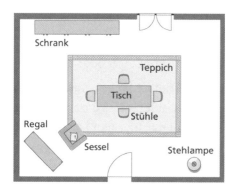

Punkte: 5 x 2 = _____ / 10

WORTSCHATZ

Schreiben Sie die passenden Wörter in die Lücken.

0 ● Hast du schlecht geschlafen? – ▲ Ja, ich bin *müde* .

1 ● Geht es dir gut? – ▲ Nein, mir geht es _____.

2 ● Bist du krank? – ▲ Nein, ich bin _____.

3 ● Was _____ dir? – ▲ Mir ist übel und ich habe Kopfschmerzen.

4 ● Hast du deine Temperatur schon gemessen? – ▲ Ja. Ich habe _____, 38,5.

5 ● Ich habe Kopfschmerzen. – ▲ Dann musst du eine Aspirin _____.

6 ● Hast du Halsschmerzen? – ▲ Ja, mir _____ der Hals _____.

7 ● Hat dich der Arzt _____? – ▲ Ja. Er sagt, ich habe Grippe

8 ● Musst du im Bett bleiben? – ▲ Ja, der Arzt hat Bettruhe _____.

9 ● Gehst du arbeiten? – ▲ Nein, der Arzt hat mich für eine Woche _____.

10 ● Warst du beim Arzt? – ▲ Ja, aber er hat mich zum Chirurgen _____.

Punkte: _____ / 10

Ergebnis: _____ **Punkte x 2 =** _____ / 100

Alltag, Beruf & Co. 2, Lehrerhandbuch, ISBN 978-3-19-241590-6, © Hueber Verlag 2010

LEKTION 7: VON JETZT AB ZUSAMMEN

Erklären oder tun?

Wahrscheinlich kennen Sie diese Faustregel:
Man lernt 10–20% von dem, was man liest oder hört (also, was erklärt wird).
Man lernt 30% von dem, was man sieht (also, was demonstriert wird).
Man lernt 70% von dem, was man sagt (also, was man sprachlich tut).
Man lernt 90% von dem, was man tut (also, was man nicht nur sagt, sondern auch ausführt).

Deshalb sind immer Überlegungen am Platz, wie im Unterrichtsablauf das Gewicht zugunsten des Handelns der KT verschoben werden kann, und deshalb legt *AB&C* wo immer möglich Wert auf Übungsformen, die das Lernen durch Tun begünstigen. „Tun" heißt hier: sprachliches Handeln in authentischen Situationen sowie sprachliche „Gymnastik", die authentisches sprachliches Handeln vorbereitet. Authentisch oder wirklichkeitsnah wäre es zum Beispiel nicht, auf dem Stuhl sitzend Sprachhandlungen wie Vorstellung oder Begrüßung, Übermittlung von Nachrichten, Erteilung von Aufträgen, Einziehen von Erkundigungen auszuführen, sich dabei an den Nachbarn links oder die Nachbarin rechts zu wenden oder gar eine „richtige" Lösung beim L abzuliefern.

Denken Sie etwa an das Lernziel der vorangegangenen Lektion 6: Wir regen eindringlich an, dass die KT in Gruppen beraten, wie sie den Klassenraum – zweckmäßig oder nicht – umräumen wollen, dass sie ihre Überlegungen in die Tat umzusetzen, über das Ergebnis ihrer Anstrengungen berichten und dass sie, falls die Möglichkeiten des Klassenraums zu beschränkt sind, Ihre Aktion aufs Foyer des Kurszentrums ausweiten. Wie anders sollte zum Beispiel die Anwendungsübung 10 auf Seite 59 sinnvoll ablaufen?

Zentrales Lernanliegen in Lektion 7 ist die Einführung des Nebensatzes anhand der indirekten Frage. Auch dieses Lernanliegen verlangt eine wirklichkeitsnahe Inszenierung, damit sich die kommunikative Leistung durch Tun *tat*sächlich im Bewusstsein verankert. Für die zunächst schriftliche Übung 3 (zur Bewusstmachung der Wortstellung im Nebensatz) oder für Übung 8 bedeutet das zum Beispiel die Herstellung einer Dreier-Konstellation: Anton-Berta-Cäsar

• Anton fragt Berta: *Hat Cäsar fünf Minuten Zeit?*
• Berta wendet sich an Cäsar: *Anton fragt / möchte wissen, ob du fünf Minuten Zeit hast.*
• Cäsar zu Berta: *Ja, ich habe fünf Minuten Zeit. / Ich habe keine Zeit. / Frag Anton, wann …*
• Berta übermittelt Anton: *Cäsar hat (keine) Zeit. / weiß noch nicht, ob … / fragt, wann …*

Dieser Ablauf findet tunlichst nicht am Platz statt. Berta soll Gelegenheit haben, Frage und Antwort wirklich zu übermitteln, und der Frager Anton, die Auskunft entgegenzunehmen. Alle sollen die geforderte Sprachhandlung wirklich ausüben können. Vorbereitet wird dies unter anderem durch die „gymnastische" Sprechübung E.

Viel Zeit geht verloren, wenn ein solch komplexer Übungsablauf durch Erklärungen in Gang gesetzt werden soll. Was uns hier zu den obigen Erläuterungen zwingt, erspart Ihnen im Unterricht die Anwesenheit der Handelnden, sodass Sie immer nach folgendem Schema vorgehen können:

• L-KT: L demonstriert die beabsichtige Sprachhandlung mit einem (in diesem Fall zwei) KT.
• KT-KT: Zwei (in diesem Fall drei) KT vollziehen den Ablauf vor der Klasse nach.
• KT-KT, KT-KT, …: In der Regel genügt nun eine Handbewegung von L, um an die KT zu übergeben.

Also Vorrang von Tun vor Erklären, was auch für Worterklärungen gilt. Die KT fragen oft nach der Bedeutung von Wörtern. Aber entsprechend der eingangs genannten Faustregel bringen Worterklärungen keinen dauerhaften Lernfortschritt und sollten umgelenkt oder umgangen werden. Ansonsten gilt:

• Erschließungshilfen statt Erklärungen (Vorrang der Tätigkeiten der KT vor der Tätigkeit von L)
• Semantisierung durch Kontexte *(Wasser fließt durch **Rohre**.)* statt Erklärung durch Definitionen *(Ein **Rohr** ist ein Hohlkörper aus Metall oder Holz oder Kunststoff, dessen Durchmesser geringer als seine Länge ist.)*
• Semantisierung durch Zeigen (Nutzung des Klassenraums, des Kurszentrums: Da gibt es Rohre!)
• Semantisierung durch Suchen im Klassenraum, Kurszentrum

Lektion 7

Durchnahmevorschläge, Transkripte, Lösungen

IM ALLTAG

Hochzeitseinladung: Nachrichtenstand erfragen und weitergeben – indirekte Fragesätze – Personalpronomen im Nominativ, Dativ und Akkusativ

	Lektion	Übungen / Hausaufgaben	interkulturelle LK
Übung 1	KT bereiten in Zweiergruppen die inhaltliche Antwort vor. In der Zeit lassen Sie den Äußerungsrahmen an der Tafel entstehen: *Die Textstelle: „…", passt zu Bild …* Die Aufgabenstellung erfordert die Textverarbeitungstechnik des suchenden und kursorischen Lesens. Auf keinen Fall sollen die KT Wort für Wort lesen oder sich mit den unbekannten Wörtern aufhalten.	**A** eignet sich Vorentlastung und als Geländer für das selektive Lesen des langen Textes. Einige Fragen von **B** lassen sich am besten anhand der Bilder beantworten. Es ist ein wichtiges Lernanliegen, dass die KT das Bild als Informationsträger erkennen und nutzen.	Das Thema ist im Hinblick auf eine kulturkontrastive Betrachtung angelegt. Daher stehen zwei Hochzeitsabläufe, der eine eher traditionell, der andere eher modern bis modisch, hintereinander. Die beiläufige Frage nach „richtig" heiraten soll KT ins Gespräch bringen.
Übung 2 CD 2, 1	Sicherlich wollen die KT auch die sachliche Antwort geben (und nicht nur sagen, was sie wissen oder nicht wissen). Als Lehrer können Sie sich also stark zurücknehmen. Die KT nehmen das Heft in die Hand.	**C** greift die Abtönungspartikel auf. Sie sind schon vorgekommen (gleich in der Überschrift der ersten Lektion: *Da sind Sie ja!*). Sie sollen auch auf Fragen der KT nicht versuchen, die Partikeln zu erklären.	
Übung 3 CD AB 28 – 29	Die sehr kurze Übung soll nur das grammatische Lernziel aufzeigen, das nun je nach dem Bedürfnis der KT durch die Grammatik und die Übungen D und E gefestigt und eingeübt wird.	**D** und **E** üben das grammatische Lernanliegen des indirekten Fragesatzes ein, **D** mündlich im Unterricht, schriftlich zu Hause.	
Übung 4	Nach der Rückerinnerung in Teil a) (vielleicht in Verbindung mit Übung F) gehen die KT zu ihren eigenen zusammenhängenden Stellungnahmen in Kurzvorträgen über.	**F** frischt inhaltliche Aspekte zum Thema Hochzeitsfeier noch einmal auf, bevor die KT sich dazu frei äußern.	

TRANSKRIPT LEKTION

Übung 2

■ Ja bitte.

◆ Hallo, Hans. Hier ist der Peter Schweisguth. Du weißt doch, der Peter Schweisguth von der Radsportgruppe. Hast du mal fünf Minuten Zeit?

■ Wie bitte?

▼ Ich frage, ob du fünf Minuten Zeit hast.

■ Grüß dich, Peter. Ja, das geht. Ich sitze im Zug.

▼ Ah, dann weiß ich auch, warum die Verbindung so schlecht ist. Wie geht es dir?

■ Danke gut. Und dir?

▼ Danke, auch gut. Aber du willst sicher wissen, warum ich dich so dringend im Zug angerufen habe.

Ganz einfach, ich habe eine große Neuigkeit: Tanja und Sigmund heiraten. Sie haben mich zu ihrer Hochzeitsfeier am 24. und 25. April eingeladen und dich auch und deine Frau und die ganze Gruppe.

■ Weißt du auch, wer alles zugesagt hat und wie viele von der Gruppe kommen?

▼ Ja, aber schau doch mal in deinen Kalender, ob du am 24. und 25. April kannst. Das ist Samstag und Sonntag.

■ Ja, da geht es bei mir. Hast du eine Idee, was wir ihnen schenken können?

▼ Ja. Einen Kinderanhänger für das Tandem. Das Tandem schenken ihnen die Eltern.

■ Jetzt sag mir aber bitte mal, was die beiden mit einem Kinderanhänger machen können.

▼ Rate mal.
■ Tanja kriegt ein Kind.
▼ Richtig geraten.
■ Also ein Kind. Weißt du auch schon, ab wann sie zu dritt sind?
▼ Das hat mir Tanja nicht gesagt. Ich habe sie auch nicht gefragt.
■ Wie ist denn die Hochzeitsfeier geplant?
▼ Ich habe keine Ahnung, wie die Hochzeitsfeier geplant ist. Ich weiß ja nicht einmal, ob sie richtig heiraten. Weißt du, standesamtlich, kirchlich und so. Aber ich bringe mal ein paar Tassen und Teller mit. Wer weiß, ob wir nicht Lust auf einen kleinen Polterabend kriegen. Vielleicht bringst du auch etwas mit zum Poltern.

TRANSKRIPT ÜBUNGEN

Übung E a)
■ Wann kommt er?
▲ Ich weiß nicht, wann er kommt.
■ Was macht sie?
▲ Ich weiß nicht, was sie macht.
■ Wie lange dauert das?
▲ Ich weiß nicht, wie lange das dauert.
■ Wie viel kostet das?
▲ Ich weiß nicht, wie viel das kostet.
■ Als was arbeitet er?
▲ Ich weiß nicht, als was er arbeitet.
■ Wo wohnt sie?
▲ Ich weiß nicht, wo sie wohnt.
■ Warum fragt er nicht?
▲ Ich weiß nicht, warum er nicht fragt.
■ Danke.

Übung E b)
■ Kommt er morgen?
▲ Wer weiß, ob er morgen kommt?
■ Macht sie ihre Hausaufgaben?
▲ Wer weiß, ob sie Hausaufgaben macht?
■ Dauert das lange?
▲ Wer weiß, ob das lange dauert?
■ Ist das zu teuer?
▲ Wer weiß, ob das zu teuer ist?
■ Arbeitet er als Praktikant?
▲ Wer weiß, ob er als Praktikant arbeitet?
■ Wohnt sie in Dresden?
▲ Wer weiß, ob sie in Dresden wohnt?
■ Hat sie das vergessen?
▲ Wer weiß, ob sie das vergessen hat?

LÖSUNGEN LEKTION

Übung 1: a) Polterabend-Bild 4 / 1; Scherben wegräumen-Bild 1; standesamtliche Trauung-Bild 9; Hochzeitsfoto-Bild 7; Arbeitsprobe-Bild 8; Hochzeitskuss-Bild 5; Hochzeitstorte-Bild 6; Hochzeitsessen-Bild 3; Hochzeitstanz-Bild 2

Übung 2: b) 2 Ja, das weiß ich: Die beiden heiraten „richtig". Das habe ich in den Einladungen gelesen. – 3 Nein, ich weiß nicht, ob es einen Polterabend gibt. – 4 Nein, ich weiß nicht, wie die Gäste übernachten. Aber in einer Einladung steht: Übernachtung ist kein Problem. – 5 Ja, ich weiß, wo die Trauung stattfindet. Das habe ich in zwei Einladungen gelesen. – 6 Ja, ich weiß, wie lange die Feier dauert. Das habe ich im Dialog gehört (und in der linken Einladung gelesen). – 7 Ja, das weiß ich: Hans Fröhlich ist eingeladen. Das hört man im Dialog. – 8 Ja, ich weiß, welche Kleidung die Hochzeitsgäste tragen sollen. Das habe ich in der rechten Einladung gelesen. – 9 Ja, ich weiß, wieso ein Kinderanhänger ein praktisches Geschenk ist. Das habe ich im Dialog gehört. – 10 Ja, ich weiß, was es gleich nach der standesamtlichen Trauung gibt. Das habe ich in der mittleren und rechten Einladung gelesen. – 11 Nein, ich weiß nicht, ob die beiden auch kirchlich heiraten. – 12 Ja, das weiß ich: Peter Schweisguths Frau Eleonore ist eingeladen. Das habe ich im Dialog gehört und in der rechten Einladung gelesen. – 13 Nein, ich weiß nicht, wann Tanja Mutter wird.

Übung 3: warum ich angerufen habe; was wir dem Brautpaar schenken können

IM BERUF

Erkundigungen einholen – Annäherung eines Bewerbers / neuen Mitarbeiters an sein Unternehmen – Weitergeben von Nachrichten und Eindrücken – Personalpronomen und Possessivpronomen im Nominativ, Dativ und Akkusativ – Partikelwörter

	Lektion	Übungen	interkulturelle LK
Übung 5	KT sollen die Redemittel benutzen, die sie kennen und im Startbild vorfinden und sich zu verwenden trauen. Bitte schalten Sie keinen Worterklärungs- oder gar einen Grammatikerklärungsblock vor.	**G** dient als Abschluss und zur inhaltlichen Einstimmung auf den Hörtext.	Wie laufen Vorstellungsgespräche bei Ihnen ab? Sind Infotage üblich und wie verlaufen sie?
Übung 6 CD 2, 2	Durchnahme: 1. Fragen a) – h) lesen und evtl. die eine oder andere schon (versuchsweise) beantworten; 2. Dialog hören; 3. restliche Fragen beantworten; 4. eine kontrovers beantwortete Frage zum Anlass für ein weiteres Hören nehmen	**H** bespiegelt den Inhalt des Hörtextes aus zwei anderen Perspektiven und leitet zum grammatischen Lernanliegen über.	Welche Fragen darf / soll man wem stellen? Welche besser nicht?
Übung 7	Auf der Basis eines gesicherten Inhalts können sich die KT nun voll auf die Personalpronomen konzentrieren.	**I** ist das Konzentrat des grammatischen Lernanliegens und dient eher zum Anschluss als zur Einleitung.	
Übung 8 CD AB 30–31	Wiederaufnahme des indirekten Fragesatzes zur Vorbereitung des abschließenden Frage-Antwort-Spiels	**J:** Diese komplexe Lautunterscheidungsübung ist weniger als Lösungsaufgabe im Unterricht denn als Übung für zu Hause gedacht.	
Übung 9	Knüpft als Ertragssicherung in Ablauf und Inhalt an Ü 5 an.		

TRANSKRIPT LEKTION

Übung 6

- ■ Na, wie war's?
- ▼ Super war's. Ich glaube, du kannst mir gratulieren.
- ■ Ich dir gratulieren? Ich denke, du hattest die Stelle schon.
- ▼ Ja, aber die ist sehr interessant. Da bin ich mir jetzt sicher. Also, du kannst mir zu einer sehr interessanten Stelle gratulieren. Ich glaube, der Job gefällt mir.
- ■ Herzlichen Glückwunsch! Und wie ist es gelaufen?
- ▼ Zunächst haben uns die Personalleiterin Monika Geske und noch ein Herr begrüßt.
- ■ Wieso *uns*? Wart ihr zu zweit?
- ▼ Wir waren zu dritt. Die anderen zwei waren Interessenten für eine andere Stelle. Die hatten auch noch ein Vorstellungsgespräch. Ich hatte mein Vorstellungsgespräch ja schon.
- ■ Also gut, die haben euch begrüßt. Hattest du auch eine Führung?

- ▼ Natürlich. Mich hat eine Engländerin durch den Betrieb geführt. Sie ist erst vier Monate bei der Firma. Sie hat mir alles gezeigt und erklärt.
- ■ Auf Englisch? Hat sie mit dir Englisch gesprochen?
- ▼ Ein bisschen. Ihr Deutsch ist sehr gut. Beim Mittagessen habe ich die beiden anderen, also meine zukünftigen Kollegen, in der Kantine wiedergesehen. Sie waren auch sehr zufrieden mit ihrem Programm.
- ■ Hat man denn mit euch keinen Test gemacht? Eure Fachkenntnisse, eure Erfahrungen, euer Englisch und so?
- ▼ Nur der Konstruktionsleiter hat mir ein paar Fragen gestellt. Aber er hatte nur eine halbe Stunde Zeit. Plötzlich hat ihn der Chef gerufen. Es gab wohl ein Problem. Aber zum Schluss hatte ich noch eine Fragestunde mit der Personalleiterin. Ich habe vor allem gefragt, wie die Einarbeitung geplant ist. Und sie hat die Frage sehr klar und sehr kompetent beantwortet.
- ■ Gut.

▼ Ja, und um vier Uhr war alles fertig. Die anderen zwei habe ich dann noch draußen auf dem Firmenparkplatz getroffen. Ich habe sie noch zu einem Kaffee eingeladen.

TRANSKRIPT ÜBUNGEN

Übung J

a) Vier Mitarbeiter von Firma Beierle können die schwere Übung hier noch nicht. (5 Sekunden Pause) Susi Müller sagt, die ist zu schwer. (5 Sekunden Pause) Ich möchte von ihr wissen, woher sie die Übung kennt (5 Sekunden Pause) und wie so ein Fehler passiert ist. Ich meine, da will die uns bestimmt nichts sagen.

b) Wir Mitarbeiter von Firma Beierle kennen die schwere Übung vier noch nicht. (5 Sekunden Pause) Susi Müller sagt, die ist sehr schwer. (5 Sekunden Pause) Ich möchte von dir wissen, woher die die Übung kennt (5 Sekunden Pause) und wie so ein Fehler passiert ist. Ich meine, das will die uns bestimmt nicht sagen.

c) Wir Mitarbeiter von Firma Beierle können die schwere Übung vier noch nicht. Susi Müller sagt, die ist zu schwer. Ich möchte von ihr wissen, woher die die Übung kennt und wieso ein Fehler passiert ist. Ich meine, da will sie uns bestimmt nichts sagen.

Übung J d)

1 Susi hat angerufen. Ach, du weißt das. Warum ein Uhr? Ich finde, das ist eine gute Zeit. Bitte ruf du sie an. Geht's jetzt oder geht's jetzt nicht?

2 Susi hat angerufen. Ach, du weißt das. Warum ein Uhr? Ich finde, das ist keine gute Zeit. Bitte ruf du sie an. Jetzt geht's oder jetzt geht's nicht.

3 Susi hat angerufen. Ach, du weißt, das war um ein Uhr. Ich finde, das ist eine gute Zeit. Bitte ruf Susi an. Jetzt geht's oder jetzt geht's nicht.

LÖSUNGEN LEKTION

Übung 6: a) drei; b) die Personalleiterin Monika Geske; c) eine Engländerin / eine neue Mitarbeiterin; d) auf Deutsch; e) wie die Einarbeitung geplant ist; f) Plötzlich hat ihn der Chef gerufen. Es gab wohl ein Problem. g) auf dem Firmenparkplatz; h) Sie haben einen Kaffee getrunken.

Übung 7: Ich, du, mir – dir – mir – uns – ihr – Wir – sie, euch, du – Mich, Sie, ihrer – dir – Ihr, ich, meine, ihrem – euch, Eure – mir, er, mich

Übung 8: Formulierungsbeispiele: Erklärst du mir / ihm / uns / ihnen bitte, wie man das macht? – Ich möchte von dir / Ihnen / ihm / ihr / euch / ihnen wissen, wer uns in der ersten Zeit hilft / wie lange die Probezeit dauert / wer der Vorgesetzte ist / ob das Büro groß genug ist / …

MAGAZIN

Wahl des Namens bei Hochzeiten und Fusionen („Elefantenhochzeiten")

	Lektion	Übungen	Interkulturelle LK
Übung 10 Telefonbuchseiten bereit halten	Die Vermutungen über die Namenswahl sind Anlass für eine Erinnerung an die Übereinstimmungen und Unterschiede der beiden Hochzeitsabläufe.		Kulturvergleich über Gleichstellung von Mann und Frau. Nicht länger als 10 Minuten.
Übung 11	Der Vergleich zu den Gepflogenheiten und Vorschriften im eigenen Land sind vielleicht Thema eines Kurzreferats.		
Übung 12	Je nach der Klassenzusammensetzung wird diese Übung auf viel oder wenig Interesse stoßen.		
Übung 13 CD 2, 3	Die Anleitung zum Kanonsingen und das gemeinsame Singen ist das Unterrichtsanliegen, nicht das detaillierte Textverständnis.	**K** ist als Hilfe für das Singen in der Klasse gedacht.	Welche ritualisierten Singformen gibt es in Ihrer Kultur?

TRANSKRIPT LEKTION

Übung 13

▲ Und wie machen wir das mit dem Geschenk?

● Ganz einfach, Peter hält eine Rede. Peter, das kannst du doch.

◆ Wir können doch alle zusammen etwas machen, wir als Gruppe.

▼ Gute Idee. Aber was können wir machen?

■ Etwas singen.

▼ Du willst singen? Arme Tanja, armer Sigmund. Sie waren doch immer so nett zu uns.

■ Ich singe nicht allein, wir alle singen. Eine gute Fahrradgruppe kann auch gut singen. Oder sind wir keine gute Fahrradgruppe?

● Natürlich, Peter. Ihr seid sogar spitze, Spi i i tze.

◆ Also gut, wir singen einen Kanon. Tanja, Sigmund! Tanja, Sigmund! Passau–Wien, Passau– Wien seid ihr mitgefahren, bis wir endlich waren …

■ 4… im schönen Wien, schönen Wien.

● Ich habe auch eine Strophe: Tanja, Sigmund! Tanja, Sigmund! Passau–Wien, Passau–Wien. Ihm gefällt die Tanja. Ihr gefällt der Mann da, Sigismund, Sigismund.

▲ Ja, aber der heißt doch Sigmund, nicht Sigismund.

◆ Hans, das ist ein Gedicht. Das ist Literatur! Toni, du bist ein Dichter! Ich finde Sigismund schön. Das passt genau. Psst, Ruhe, Eleonore schreibt.

▼ Schon fertig. Tanja, Sigmund! Tanja, Sigmund! Passau–Wien, Passau–Wien. Wird ganz still und leise eine Lebensreise für sie und ihn, sie und ihn.

■ Mensch, Lorelei, du bist fantastisch. Darauf müssen wir anstoßen. Hoch lebe unsere Eleonore.

▲ Ich habe auch etwas. Aber ich weiß nicht, ob es euch gefällt.

● Das müssen wir zuerst hören. Dann sagen wir dir, wie fantastisch super spitze es uns gefällt.

◆ Auf, Hans! Los!

▲ Also gut. Tanja – Sigmund, Tanja – Sigmund sind ein Paar, sind ein Paar. Glück im neuen Leben soll es für euch geben wunderbar, wunderbar.

■ Wunderbar, Hans. Wirklich toll. Prost, Hans. Hoch die Tassen! Prost alle zusammen.

◆ Achtung! Jetzt schenken wir ihnen den Fahrradanhänger:

Fahrrad woll'n wir weiter fahren.
Bitte fahrt mit uns mit.
Dieser Fahrradhänger
Macht das Tandem länger:
Ihr fahrt mit bald zu dritt.
Und zum Schluss singen wir:
Tanja, Sigmund, Tanja, Sigmund
sind ein Paar, sind ein Paar.
Glück im neuen Leben
Soll es für euch geben,
Wunderbar, wunderbar.

■ Halt stopp, Leute! Das müssen wir noch einmal üben. Ihr wisst doch, Training ist alles. Also: Lore und ich fangen an, bei „Passau" beginnt Laura. Hans beginnt bei „seid". Laura, du sagst ihm, wann er anfangen soll, okay? Und Toni beginnt bei „im schönen Wien". Erst singen wir alle zusammen die erste Strophe und dann kommt der Kanon. Auf die Plätze, fertig los.

LÖSUNGEN LEKTION

Übung 11: Typ 1: 1, 5, 6; Typ 2: 3; Typ 3: 2, 4 einen neuen Namen: Erika García geb. Bernrieth; Theodora Kallas geb. Müller; Helma Meyer-Öhme geb. Meyer; Lina Diesel geb. Asaro; Tim von Bernano geb. Schmid; Namen behalten: Tina Auggen, Roland Karlowitz, Ricardo García Pons; Georgios Kallas; Günter Öhme, Mutlu-Daniel Diesel; Lydia von Bernano

LEKTION 8: ALLES AN ORT UND STELLE

Funktion, Merkmale und Durchnahme der Sprechübungen

Schon im Einstieg jeder Doppelseite finden Sie mit wenigen begründeten Ausnahmen dialogische Partner-übungen. Darin drückt sich der Vorrang des mündlichen Ausdrucks in *AB&C* aus. Sie deuten die Lernziele der jeweiligen Doppelseite an. Hier nähern sich die Kursteilnehmer in einem ersten Schritt, tastend und probierend, der angestrebten Zielfertigkeit an. Im weiteren Verlauf finden sich immer wieder Partner- oder Gruppenübungen, die die Einstiegssituation erneut aufgreifen, erweitern, zu einem höheren Beherr-schungsgrad führen und die zugrunde liegenden Strukturregeln bewusst machen. Schrittweise gewinnen die KT dabei an Sicherheit und Flüssigkeit, bis sie in der Anwendungsübung am Ende der Doppelseite hoffentlich erfolgreich durchs Ziel laufen.

Auf diesem Weg stoßen Sie im Übungsteil immer wieder auf die CD-gesteuerten Sprechübungen „Hören und sprechen", in Lektion 7 zum Beispiel auf Seite 73, Übung E. Es handelt sich dabei um einen festen Ablauf in vier Phasen:
1. der **Stimulus**, zum Beispiel: *Wann kommt er?*, verursacht den
2. **Teilnehmer-Respons**, also in diesem Fall: *Ich weiß nicht, wann er kommt.*
3. Anhand der **Kontroll-Antwort** überprüfen die KT die phonetische, formale und inhaltliche Korrekt-heit ihrer Antwort und
4. **wiederholen** oder **korrigieren** ihre Antwort.

Die Übungen haben etwa 6–8 Anwendungsfälle. Mit dem straff gesteuerten Ablauf unterscheiden sie sich von den Sprechaktivitäten im Lektionsteil und ergänzen sie.

Merkmale der Partnerübungen in der Lektion	Merkmale der 4-Phasen-Sprechübungen
• eventuell Wahl zwischen mehreren Redemitteln • individueller Inhalt • selbstbestimmtes Tempo • selbstbestimmte Übungsdauer • Korrektur nach unterrichtlicher Situation und Bedarf • Partnerarbeit	• festgelegtes Äußerungsmuster • vorgegebener Inhalt • vorgegebenes Tempo • vorgegebene Übungsdauer • sofortige Rückmeldung und Korrektur • Chorsprechen

Verlauf und Inhalt der CD-gesteuerten Sprechübungen sind im Vergleich zu den Partnerübungen in der Lektion eher künstlich, gleichförmig und grammatisch orientiert. Diese **Beschränkung**, die ebenfalls für die Nachsprechübungen zum Bewusstmachen und Einüben der Aussprache- und Intonationsregeln gilt, ist zugleich eine **Entlastung** für die KT. Befreit von der inhaltlichen und formalgrammatischen Gestaltungs-last können sie sich ganz auf die Richtigkeit und Flüssigkeit konzentrieren. Ratschläge für einen wirklich flüssigen Ablauf:

• Die KT nehmen das im Buch abgedruckte Beispiel zur Kenntnis, spielen es durch und probieren eigene Anwendungsfälle.

• Falls Zweifel an einem flüssigen Ablauf bestehen, schalten Sie einen Probelauf ohne die strikten Zeit-vorgaben des Tonträgers vor:
  – in Partnerarbeit
  – in Gruppen
  – im Chor (wie beim Durchlauf mit CD)
  Dazu müssen Sie die Austauschstellen auf OHP-Folie vorhalten oder an die Tafel schreiben (z. B. Lek-tion 6, Übung D b) und H c).

• Die KT hören das Beispiel am Beginn der CD-Übung. Vor der darauf folgenden Aufforderung *Bitte beginnen Sie* können Sie im Zweifelsfall die Wiedergabe stoppen und sicherstellen, dass der Ablauf klar ist.

• Empfehlen Sie nach Abschluss die mehrfache Wiederholung außerhalb des Unterrichts, eventuell auch als Hausaufgabe.

• (Siehe hierzu auch „Sprechen und Einüben kommunikativer Strukturen", Lehrerhandbuch *AB&C* 1, Seite 53)

Durchnahmevorschläge, Transkripte, Lösungen

IM ALLTAG

bei einer Verkehrskontrolle: Wo ist der gesuchte / geforderte Gegenstand, wohin gehört er? – Wechselpräpositionen mit Akkusativ und Dativ – *gehören / tun / kommen / müssen / … WOHIN – stehen-stellen, liegen-
legen, sitzen-setzen, stecken, hängen, werfen*

	Lektion	Übungen	interkulturelle LK
Übung 1	Die Orientierung im Raum (*wo / wo-hin*) aus Lektion 6 wird weiterge-führt und kommt nun zu einem vorläufigen Abschluss (*was / wer ist wo und gehört wohin?*).	**A** verbindet die Situationen von Ü 1 und 2 und kann auch Ü 2 zugeordnet werden.	Wie laufen Verkehrs-kontrollen bei Ihnen ab: Vorschriften, Bußgel-der, Vorgehensweise der Polizisten und Ver-halten der Verkehrs-sünder?
Übung 2 CD 2, 4 CD AB 32–33	Teil a) stellt den Bezug zum Startbild dar und bereitet die Thematik des Hörtextes vor. Durchnahmevorschlag für Teil b): in Zweiergruppen, 5 Minuten mit endlos laufendem Dialog, dann 5 Minuten Bericht Teil c) ist der Einstieg in das schwieri-ge Kapitel der Artikelflexion.	**B** vertieft mündlich im Unterricht und schrift-lich als Hausarbeit den Inhalt des Hörtextes. **C** eröffnet die kultur-kontrastive Betrach-tung. **D** unterstützt KB Ü 2 c).	Die Bezeichnung „Herrchen" in **B** und „Frauchen" für Hundebesitzer evtl. ansprechen
Übung 3 CD AB 34–35	Das grammatische Lernziel wird in einer leicht abgewandelten Situation erneut aufgenommen.	**E** geht dieses schwieri-ge Grammatikthema von der lautlichen Seite an.	Vorschriften zur Mitnahme von Kin-dern, Tieren und Gepäckstücken im Innenraum von Fahrzeugen
Übung 4	Jetzt muss das grammatische Lernan-liegen aktiv beherrscht werden.	**F** unterstützt vor- oder nachbereitend die zugehörige KB-Übung.	
Übung 5 CD AB 36	Der spielerische Charakter der abschließenden Anwendungsübung soll nach dem anspruchsvollen grammatischen Lernziel Entspan-nung bieten.	**G** verlegt das gramma-tische Lernanliegen in eine völlig unerwarte-te Thematik.	Was machen bzw. haben die beiden richtig / falsch ge-macht?

TRANSKRIPT LEKTION

Übung 2 b)
▼ Guten Tag. Verkehrskontrolle. Bitte Führerschein und Fahrzeugpapiere.
■ Tut mir leid, Herr Wachtmeister. Den Führerschein …
▼ Mein Name ist Bärmann.
■ Freut mich, Bellinger. Ja, also den Führerschein habe ich in die Brieftasche gesteckt. Und die Brieftasche ist in einer anderen Jacke. Und die Jacke hängt zu Hause an der Garderobe.
● Nein, Papa. Hier im Handschuhfach ist alles. Du hast die Papiere ins Handschuhfach gelegt. Bitte schön, Herr Wachtmeister.
■ Nein, Corinna, das sind leider nur Fotokopien. Der Herr Wachtmeister, äh … der Herr …
▼ Bärmann.
■ Ja, danke. Weißt du, der Herr Wachtmeister Bär-mann will die Originale sehen und die sind zu Hause. Oder sind sie im Büro? Jetzt weiß ich wirklich nicht mehr, ob ich die Jacke nicht vielleicht im Büro über

den Stuhl gehängt habe. Aber, Herr Bärmann, hier ist mein Handy. Sie können meine Frau anrufen.
▼ Haben Sie Ihren Personalausweis dabei?
■ Ja, zwischen dem Kassenzettel und meiner Einkaufs-liste da muss er stecken. Moment, gleich habe ich ihn. Ah, da ist er ja.
▼ Die Papiere sind nicht das Problem, Herr … Herr Bellinger. Aber Sie haben den Sicherheitsgurt nicht angelegt …
▼ Ach so, der Sicherheitsgurt. Also, das mache ich sofort. Wissen Sie, wir wohnen nicht weit von hier. Und ich fahre ganz langsam.
▼ Egal. Sie müssen den Sicherheitsgurt immer anlegen. Immer. Das wissen Sie doch.
■ Ja, natürlich.
▼ Und außerdem sitzt Ihre Tochter auf dem Beifahrer-sitz. Kinder gehören auf den Kindersitz. Dahinten ist doch ein Kindersitz.
■ Ja, das stimmt. Aber da sitzt schon unser Hund auf seiner Hundedecke. Corinna hat ihre dunkle Hose an … und die Hundehaare …

▼ Herr Bellinger, bitte. Kinder gehören auf den Kindersitz. Das wissen Sie ganz genau. Und den Karton da auf dem Rücksitz, tun Sie den doch bitte hinter den Rücksitz. Wissen Sie, ein Karton auf dem Rücksitz, das ist immer gefährlich.

■ Ja, ja, also, den Karton stelle ich in den Kofferraum und die Einkaufstüten auch. Und meine Tochter setze ich sofort auf den Kindersitz. Hannibal, komm hier auf den Beifahrersitz. Los, auf den Beifahrersitz. So, sehen Sie, Herr Bärmann, gleich sitzt der Hund neben mir auf dem Beifahrersitz.

● Nein, Hannibal soll neben mir sitzen, bitte, Herr Wachtmeister Bärmann. Komm, Hannibal, komm zu mir.

▼ Aber nun zu Ihnen, Herr Bellinger. Sagen wir, das alles ist eine Ordnungswidrigkeit. Sind Sie mit einer kostenpflichtigen Verwarnung und einem Bußgeld von 40 Euro einverstanden?

■ Ja, selbstverständlich, Herr Bärmann.

▼ So, das ist Ihr Strafzettel. Gute Fahrt.

■ Vielen Dank. Und entschuldigen Sie bitte.

▼ Herr Bellinger, der Sicherheitsgurt!

TRANSKRIPT ÜBUNGEN

Übung D a)

Ich meine, ich habe den Führerschein in die Brieftasche gesteckt und die Brieftasche in die Jacke. Normalerweise steckt der Führerschein immer in der Brieftasche und die Brieftasche in der Jacke. Vielleicht habe ich den Führerschein ins Handschuhfach gelegt. Aber da ist er nicht. Führerscheine gehören eigentlich nicht ins Handschuhfach. Vielleicht liegt er zu Hause auf meinem Schreibtisch.

Übung D b)

Peter, am Fenster hängt eine Jacke. Die gehört an die Garderobe. Kannst du sie bitte an die Garderobe hängen? Und hier auf dem Boden liegen Gläser. Sie müssen in die Küche. Du, und der Papierkorb steht in der Ecke. Bitte stell ihn neben den Schreibtisch.

Übung E

a) Hören und die Zahlen eintragen
b) Hören und schreiben

eins	Ich stelle das ins Büro
zwei	Der Schlüssel steckt in der Tür.
drei	Wo steht das?
vier	Ich stecke das in die Tasche.
fünf	Stell das ins Büro!
sechs	Wo stehen die Leute?
sieben	Stecken Sie das in die Tasche.
acht	Ich stehe am Bahnhof.
neun	Sie stellt das ins Büro.
zehn	Am Bahnhof hat er gestanden.

Übung G

■ Ach, du bist es, Katja. Was für eine Überraschung!

▼ Ja, Mirko, ich bin's. Du, Mirko, die Sache von gestern tut mir leid. Bist du mir noch böse?

■ Also, weißt du … warum hast du das nicht gestern gesagt? Aber egal, du sagst es ja heute. Komm herein.

▼ Aber Mirko, was ist denn hier passiert?

■ Ja, Katja, die Sache war so. Also mein Fenster war nicht richtig geschlossen. Und auf einmal ist Peter gekommen. Ich mache die Tür auf. Und draußen war ein Wind. Das Fenster ist aufgegangen. Das war ein Wind … ein Wind. Ich sage dir, ein Wind!!

▼ Wirklich?

■ Meine Notizzettel haben hier ganz ordentlich auf dem Schreibtisch gelegen. Und jetzt …

▼ … liegen sie überall auf dem Boden. Und dein Mantel liegt in der Ecke.

■ Ja, der hat da an der Garderobe gehangen. Du, das war ein Wind, ein Wind!! Dein Bild hat hier an der Wand gehangen …

▼ Ja, und jetzt steht es dahinten hinter dem Schrank, und das Glas ist kaputt.

■ Richtig. Und deine Briefe haben hier auf dem Tisch gelegen. Und jetzt sind sie im Papierkorb. Aber die hole ich wieder heraus.

▼ Soso? Und wo sind meine Blumen? Ich habe dir doch Blumen geschickt.

■ Deine Blumen, die schönen Blumen, die sind durch das Fenster in den Hof geflogen.

▼ Ach, durchs Fenster. Du, das war kein Wind, das war ein Sturm, ein Hurrikan.

LÖSUNGEN LEKTION

Übung 2: Zu Beginn liegt Hannibal auf dem Rücksitz. Corinna findet den Führerschein, den Personalausweis und die Fahrzeugpapiere unter dem Beifahrersitz. Zum Schluss sitzt Corinna auf dem Rücksitz hinter ihrem Vater. Der Hund liegt vorn auf seiner Hundedecke. Den Karton hat Herr Bellinger in den Kofferraum gestellt. Das Ganze sieht ein bisschen komisch aus. Der Polizist muss lachen.
c) 1 im, an / über; 2 auf / unter, im; 3 in, in; 4 im, auf; 5 in; 6 auf, auf

Übung 4: b) gestanden. Da steht er nicht mehr.
c) gehangen. Da hängt es nicht mehr. d) gesessen/ gelegen / gestanden. Da sitzt / liegt / steht er nicht mehr. e) gelegen / gestanden. Da liegt / steht sie nicht mehr. f) gesteckt. Da stecken sie nicht mehr.

IM BERUF

betriebliches Abfallmanagement: Abfallarten und jeweilige Vermeidung, Wiederverwertung, Entsorgung – Wohin gehört das? – Wechselpräpositionen mit Akkusativ und Dativ – *gehören / tun / kommen / müssen / ... WOHIN – stehen-stellen, liegen-legen, sitzen-setzen, stecken, hängen, werfen,*

	Lektion	Übungen	interkulturelle LK
Übung 6	Führen Sie kein Vokabular ein und erklären Sie es nicht. KT verwenden die Wörter, die sie schon kennen oder dem Startbild und der Rede-mittelliste entnehmen.		Der Einstieg ist interkulturell verglei-chend angelegt.
Übung 7	KT sollen aus ihrem Vorwissen schöpfen. Schalten Sie keine inhalt-liche Einführung vor.	**H:** KT sollen ihre Zuordnungen so vortragen: *Verpackungen gehören zu den Wertstoffen* (nicht *A eins a*).	
Übung 8 CD 2, 5–6	Durchnahmevorschlag: in Zweier-gruppen, 5 Minuten mit endlos laufendem Dialog, dann 5 Minuten Kontrolle, zum Abschluss noch einmal hören.		
Übung 9	Die inhaltliche Regelhaftigkeit ist mit einer grammatischen Lernabsicht verbunden: *Was ist wo? Was gehört wohin?*	**I:** Das grammatische Lernanliegen wird mit dem bereits bekannten Inhalt verbunden.	
Übung 10	Gruppenarbeit mit Bericht an die Klasse, eventuell Thema für ein Kurzreferat als Hausaufgabe.	**J** Material und Hilfe-stellung für eine etwas ambitioniertere Befassung mit der Thematik.	KT sollen ihr „ideales" oder das in ihrem Land, Betrieb, ... praktizierte Konzept darstellen.

TRANSKRIPT LEKTION

Übung 8 a)

■ Wie das geht, das haben wir nicht schriftlich. Aber es ist ja auch einfach. Du siehst es ja selbst. Hier in die Papierkörbe kommt wirklich nur Papier. Die Putz-frauen leeren die Papierkörbe am Abend in ihren blauen Plastiksack – und der ist nur für Papier. Den blauen Sack leeren Sie in die blaue Tonne. Die ist nur für Altpapier und Karton. Sie steht dahinten zwi-schen der braunen und der grauen Tonne.

▼ Es gibt also drei Tonnen.

■ Richtig. Und außerdem gibt es noch einen Container für Sondermüll. Bei uns sind das besonders Batteri-en, CDs und Druckerpatronen.

▼ Ich vermute, die braune Tonne ist für den Biomüll, also Pflanzen, Essensreste, alles Organische. Und die graue Tonne ist für den Restmüll. So kenne ich das.

■ Absolut richtig. Wir haben wenig Restmüll, vielleicht mal einen leeren Kugelschreiber oder eine kaputte Tasse. Unsere Getränkeflaschen stellen wir in den Ständer zurück. Seit ein paar Monaten haben die Automaten keine Plastikbecher mehr. Jeder von uns hat sein eigenes Glas und seine eigene Tasse. Und dann haben wir hier den gelben Sack für alle Wertstoffe mit dem grünen Punkt: Tetrapaks, Dosen und so. Nur für Glas gibt es einen Glascontainer im Hof.

▼ Ah, das ist ja ganz einfach. Was einen grünen Punkt hat, kommt in den gelben Sack.

■ Genau so ist es. Auf dem gelben Sack ist noch eine Liste. Da steht drauf ...

Übung 8 b)

- Über unser Entsorgungskonzept insgesamt sprechen wir jetzt nicht. Also wir reden nicht über unsere Abwasserentsorgung. Wir haben nämlich eine eigene Kläranlage.
▼ Was? Eine eigene Kläranlage?
- Jaja, und einen Abwassertechniker. Das ist Herr Balduin. Aber das ist im Moment nicht so wichtig. Die allgemeine Entsorgung kennen Sie ja schon, also den gelben Sack und den Behälter für Altpapier. Bei uns hier in der Werkhalle ist dieser Behälter sehr groß. Wir haben viele große Kartonagen, also Industrieverpackungen aus Karton. Die pressen wir und stapeln sie hier auf einer Palette und dann im Hof. Wir haben täglich mindestens 2000 Kilo Kartonagen.
▼ Zweitausend Kilo!!
- Tja, Papier ist schwer. Und sehr viel Papier ist sehr schwer. So einfach ist das. Sehr wichtig ist bei uns das Ölfass für Altöl und der Altmetallsammelbehälter.
▼ Aber die sind doch auch mal voll.
- Natürlich. Dafür haben wir einen Abholer. Der holt das ab.
▼ Ist das teuer?
- Nein, für uns ist das sogar ein kleines Geschäft. Er zahlt uns etwas.

LÖSUNGEN LEKTION

Übung 7: a) Abfallvermeidung: Trinkgläser statt Plastikbecher; Einkaufstüte € 0,10; Flaschenpfand; Abgaskatalysator – Wiederverwertung: Zeitung, Weinflasche; Altpapiertonne; Altmetallsammelbehälter; Kläranlage
Entsorgung: Müll, Abfall; Batterie, Coladose; Tetrapaks; Druckerpatrone: Weinflasche; Behälter; Altpapiertonne; Altmetallsammelbehälter

Übung 8: a) Behälter: Papierkorb, blauer Plastiksack, blaue Tonne, braune Tonne, graue Tonne, Container für Sondermüll, gelber Sack, Glascontainer
Regelungen, Maßnahmen: Automaten ohne Plastikbecher, eigenes Trinkglas, eigene Tasse, grüner Punkt, Liste auf dem gelben Sack
Abfälle: Papier, Altpapier, Karton, Batterien, CDs, Druckerpatronen, Biomüll, Pflanzen, Essensreste, Organisches, Restmüll, Kugelschreiber, Tassen, Wertstoffe, Tetrapaks, Dosen, Glas

b) Behälter: gelber Sack, Behälter für Altpapier, Ölfass, Altmetallsammelbehälter
Regelungen, Maßnahmen: Entsorgungskonzept, Kläranlage, Abwassertechniker, Abholer
Abfälle: Kartonagen, Industrieverpackungen, Altöl, Metall, Wertstoffe, Galvanikschlamm, Gold, Silber, Platin

Übung 9: gelber Sack ja: Tetrapaks, Dosen; blaue Tonne ja: Altpapier, Kartonagen; graue Tonne ja: Tassen, Kugelschreiber; braune Tonne / Biotonne ja: Essensreste, Gemüseabfälle

MAGAZIN

Verabredung in der Stadt – Suche nach Personen und Aufträgen – Telefonate, SMS

	Lektion	Übungen	interkulturelle LK
Übung 11 CD 2, 7–13 CD AB 37	Dieser satirisch-unterhaltende Hörtext dient nur der Unterhaltung.	Die Lautunterscheidungsübung **K** zielt auf die Personalpronomen im Dativ.	Handy-Gebrauch und Handy-Missbrauch
Übung 12	Bei dieser verzwickten Suchaufgabe kommt es weniger auf die Lösung als auf die Tätigkeit an.	Das Kreuzworträtsel **L** ist eine unterhaltsame Hausaufgabe.	

TRANSKRIPT LEKTION

Übung 11

Anruf 1:
▼ Ja bitte.
■ Grüß dich, Boris. Hier ist Andrea. Wir sind doch am Freitag verabredet. Wir wollen doch etwas zusammen machen. Daniela kommt auch.
▼ Ja, prima!
■ Und wann und wo?
▼ In der Stadt natürlich.
■ Und wann?
▼ Das hast du doch gerade gesagt: am Freitag.
■ Ja, aber die Uhrzeit.
▼ Ach du, da können wir ja noch mal telefonieren.

Anruf 2:
■ Ja bitte.
▼ Grüß dich, Andrea. Weißt du was, ich hole dich am Freitag zusammen mit Carlos zu Hause ab, und wir fahren zusammen in die Stadt.
■ Du, Boris, ich bin schon mit Daniela in der Stadt.
▼ Also gut, dann treffe ich dich ... äh ... wir treffen euch in der Stadt.
■ Und wo?
▼ Ach du, da können wir ja noch mal telefonieren.

Anruf 3:
▼ Ja bitte.
■ Grüß dich, Boris. Du, ich bin mit Daniela im Café Kaiser. Wo bist *du*?
▼ Ich sitze mit Carlos in der Straßenbahn. Hörst du mich? Die Verbindung ist ein bisschen schlecht.
■ Du, das muss dein Handy sein. Ich höre dich sehr gut.
▼ So? Komisch. Also, wir sitzen in der Straßenbahn. Dann steigen wir am Rathausbrunnen aus. Wir kommen zu dir. Hallo, bist du noch da?
■ Ja, ja. Du, wir zahlen gerade. Wir kommen euch entgegen. Wir nehmen die Kaiserstraße Richtung Rathausbrunnen. Hörst du mich?
▼ Ja, nicht so laut! Die Verbindung ist wieder gut. Komisch. Und bei dir?
■ Auch gut.
▼ Wie bitte?
■ Die ... Verbindung ... ist ... gut.
▼ Komisch, bei mir ist sie wieder schlecht. Also, Andrea, bis gleich auf der Kaiserstraße. Sonst können wir ja noch mal telefonieren.

Anruf 4:
■ Ja bitte.
▼ He, Andrea, wo seid ihr denn?
■ Ach, Boris, entschuldige. Wir sind noch mal schnell in den Kaufhof gegangen. Aber so schnell war es dann doch nicht. Daniela, du weißt ja, Daniela ... Übrigens, viele Grüße von Daniela.
▼ Wo seid ihr denn?
■ In der ersten Etage, Damenbekleidung.
▼ Oh nein! Okay, wir kommen. Seid ihr auch wirklich da?
■ Natürlich. Eventuell können wir ja noch mal telefonieren.

Anruf 5:
▼ Ja bitte.
■ Wo bleibt ihr denn?
▼ Wir kommen.
■ Na, hoffentlich muss ich nicht noch mal telefonieren.
▼ Nein, nein. Wir sind schon fast da. Carlos, komm jetzt! Die warten.

Anruf 6:
■ Ja bitte.
▼ Wir sehen euch nicht. Seid ihr wirklich in der ersten Etage?
■ Natürlich. Ich bin in der Kabine hinten links. Ich habe da einen hübschen Rock gesehen. Den habe ich mal anprobiert. Du, Boris, ich kann dich sehen. Pass auf, wir schicken dir ein Foto von uns. So, das Bild ist fertig. Absenden. Mal sehen, ob du uns jetzt findest.
▼ Na ja, eventuell rufe ich einfach noch mal an.

Anruf 7:
■ Hallo, Boris, bist du es?
▼ Ich sehe dich immer noch nicht.
■ Hast du unser Foto nicht bekommen?
▼ Doch, aber ich weiß nicht, in welcher Kabine ihr seid.
■ Du, das ist ganz einfach. Wir kommen jetzt aus der zweiten Kabine von hinten links. Dann seht ihr uns ... oder wir müssen noch mal telefonieren.

TRANSKRIPT ÜBUNGEN

Übung K

eins: Gehst du heute mit ihr ins Kino?
zwei: Petra ist morgen bei ihm eingeladen.
drei: Die Party ist bei ihnen zu Hause.
vier: Wir fahren jetzt zu dir nach Hause.
fünf: Wer geht mit ihr zur Party?
sechs: Bitte, glauben Sie ihnen das.
sieben: Kann ich kurz mit Ihnen sprechen?
acht: Wer ist die Dame neben mir?

LÖSUNGEN LEKTION

Übung 12 a) Die Palette mit dem Behälter ist bei M. Balic, Funktionstest.

b)
10.20 Uhr	10.30 Uhr
10.40 Uhr	11.10 Uhr
11.20 Uhr	11.00 Uhr
10.50 Uhr	

Name: _____ **Kurs:** _____

HÖREN

Was ist richtig? A, B, oder C? Lesen Sie die Aufgaben 1–10. Hören Sie dann den Dialog (Übung 2, Kursbuch Seite 76, CD 2, 4) zweimal. Kreuzen Sie an.

0 Herr Bellinger fährt mit dem ☒ Auto. Ⓑ Fahrrad. Ⓒ Bus.

1 Er macht eine Ⓐ private Fahrt. Ⓑ Dienstreise. Ⓒ Urlaubsreise.

2 Er denkt, die Papiere sind Ⓐ im Handschuhfach. Ⓑ zu Hause. Ⓒ im Kofferraum.

3 Seine Tochter findet Ⓐ die Papiere. Ⓑ Kopien. Ⓒ den Führerschein.

4 Herr Bellinger sagt, der Polizist soll Ⓐ eine Kopie machen. Ⓑ den Führerschein kontrollieren. Ⓒ seine Frau anrufen.

5 Was hat Herr Bellinger falsch gemacht? Er hat
Ⓐ den Sicherheitsgurt nicht angelegt. Ⓑ einen Hund im Auto. Ⓒ den Personalausweis kopiert.

6 Kinder gehören Ⓐ in den Kofferraum. Ⓑ auf den Beifahrersitz. Ⓒ auf den Kindersitz.

7 Herr Bellinger Ⓐ soll Ⓑ muss Ⓒ darf den Karton in den Kofferraum tun.

8 Corinna möchte lieber neben Ⓐ ihrem Vater Ⓑ dem Hund Ⓒ dem Karton sitzen.

9 Herr Bellinger muss Ⓐ nichts Ⓑ 40 Euro Ⓒ 20 Euro zahlen.

10 Er startet den Wagen und
Ⓐ legt den Sicherheitsgurt an. Ⓑ macht keinen Fehler mehr. Ⓒ den Sicherheitsgurt nicht an.

Punkte: _____ / 10

LESEN

Was ist richtig (R), was ist falsch (F)? Suchen Sie die Lösungen im Text. Kreuzen Sie an.

Abfallentsorgung Stadt Moshagen – Merkblatt		
	Wie oft	**nächste Termine**
Biomüll	alle 2 Wochen	Di 19.02.
Blaue Tonne Restmüll Gelber Sack	monatlich	Mo 11.02. Mo 18.02. Fr 22.02.
Sperrmüll Altholz Sondermüll	einmal jährlich	Mi 16.04. Do 17.04. Fr 18.07. Parkplatz Im Winkel, 10.15 – 12.15
Wertstoffe	samstags, Wertstoffhof, 9.00 – 11.00	
Sonderaktion Haushaltsgeräte 23.04. Elektronikgeräte, Monitore, Großgeräte wie Kühlschränke usw. schriftliche Anmeldungen bis 15.04.!		Nicht vergessen: Tonnen / Gelben Sack bis spätestens 6.00 morgens hinausstellen
Was kommt wohin?		
Blaue Tonne	Restmüll	Biomüll
Altpapier, Kartonagen, Zeitungen ...	Kugelschreiber, Glas, Geschirr, ...	Küchen- und Garten- abfälle, Blumen
Gelber Sack	Wertstoffe	Sondermüll
Verpackungen: Becher, Getränke- dosen, ...	Metalle, Bauschutt, Elektrokleingeräte, ...	Batterien, Farben, Chemikalien, Altöl, ...
Regelungen bei der Abgabe von Sondermüll: Problemstoffe getrennt abliefern. Problemstoffe persönlich abliefern. Bleiben Sie, bis die Überprüfung erledigt ist. Rauchen verboten!		

	R	F
0 Essensreste kommen in die blaue Tonne.		☒
1 Entsorgung von Biomüll: wöchentlich		
2 Entsorgungstermin für Altpapier: 11. Februar		
3 Sperrmüll-Entsorgung gibt es alle zwölf Monate.		
4 Alte Batterien kann man einmal pro Jahr abgeben.		
5 Die Abfalltonnen muss man einen Tag vorher hinausstellen.		
6 Alte Telefone und Drucker kann man zum Wertstoffhof bringen.		
7 Metalle muss man bis 6.00 Uhr morgens hinausstellen.		
8 Herde und Kühlschränke muss man zur Abholung anmelden.		
9 Der Wertstoffhof ist einmal pro Monat geöffnet.		
10 Altöl darf man nur in die Restmüll- tonne tun.		

Punkte: _____ /10

Alltag, Beruf & Co. 2, Lehrerhandbuch, ISBN 978-3-19-241590-6, © Hueber Verlag 2010

Zwischentest 4

GRAMMATIK

Beantworten Sie die Fragen wie im Beispiel.

0 Wann fährt der Zug nach Kiel? – Im Fahrplan steht, *wann Sie nach Kiel fahren können.*

1 Wie hoch ist unser Umsatz? – Ich weiß auch nicht, _____

2 Können Sie morgen kommen? – Ich sage Ihnen später, _____

Was haben die Leute gemacht? Bilden Sie Sätze aus den Wörtern.

0 bin– ins – gestern – gegangen – Ich – Kino *Ich bin gestern ins Kino gegangen*

3 haben – Wir – in – gemacht – Urlaub – Spanien _____

4 Hans – getroffen – seinen – Vorgestern – Freund – hat _____

Schreiben Sie die passenden Personalpronomen in die Lücken.

Ich weiß nicht, wie das funktioniert. Kannst du (5) _____ das erklären? – Nein, das kann ich (6) _____ auch nicht sagen. Aber Anna weiß das. Du kannst (7) _____ ja mal fragen.

Hendrik, kann ich (8) _____ etwas fragen? Peter hat kein Buch. Kannst du (9) _____ dein Buch geben? Er gibt (10) _____ dir gleich wieder zurück.

Punkte: _____ / 10

SCHREIBEN

Wo sind die Sachen und wohin sollen Sie kommen? Schreiben Sie eine Anweisung.

Das Bild steht auf dem Boden. Bitte _____

Punkte: 5 x 2 = _____ / 10

WORTSCHATZ

Zu welchen Wörtern 1–10 passen die Wörter A–V? Schreiben Sie.

A Bluse – B Altöl – C Bezahlung – D Brot – E Diele – F Fahrzeugpapiere – G Gemüse – H Husten – I Jacke – J Führerschein – K Kopfschmerzen – L Urlaub – M Küche – N Metall – O Mitarbeiter – P Papier – Q Polterabend – R Umsatz – S Restmüll – T Schrank – U Standesamt – V Stuhl

0 Lebensmittel *Brot, Gemüse*
1 Möbel
2 Hochzeit
3 Befinden
4 Verkehrskontrolle
5 Abfall
6 Wertstoffe
7 Textilien
8 Wohnung
9 Unternehmen
10 Arbeitsstelle

Punkte: _____ / 10

Ergebnis: _____ Punkte x 2 = _____ / 100

66

Alltag, Beruf & Co. 2, Lehrerhandbuch, ISBN 978-3-19-241590-6, © Hueber Verlag 2010

LEKTION 9: DER GEHÖRT MIR, DAS IST MEINER.

Lernschritte zur mündlichen Sprachbeherrschung

Eine Sprache mündlich beherrschen, das heißt richtig und flüssig sprechen. Die Forderung der Richtigkeit und das Bestreben nach Flüssigkeit enthalten einen Zielkonflikt, denn mehr Richtigkeit beeinträchtigt die Flüssigkeit und umgekehrt. Die Regelkenntnis ist keine ausreichende und nicht einmal eine unverzichtbare Voraussetzung für sprachliche Richtigkeit, denn der Muttersprachler spricht richtig und flüssig, ohne die Regeln zu kennen. Er *beherrscht* sie eben. Selbst regelsichere Fremdsprachenlerner entrichten für flüssiges Sprechen oft den Preis von Regelverstößen und „Aussetzern", über die sie im Nachhinein den Kopf schütteln: „Das *weiß* ich doch!" – „Ja, aber du *kannst* es noch nicht." Die sogenannten Flüchtigkeitsfehler sind meist Flüssigkeitsfehler.

AB&C sieht folgende Lernschrittfolge zur Ereichung von Richtigkeit und Flüssigkeit vor:

Lehrer	– ①	demonstrieren ②	vormachen ③ bewusst machen	erklären ④ korrigieren	– ⑤
Lerner	„ausüben" probieren	einüben	nachmachen	einüben	„ausüben" anwenden

Das Schema soll zeigen, dass der Lerner ausübend einsteigt ①. Er spricht mit den Mitteln, die er hat und die er in der Startcollage vorfindet, soweit er sich schon zutraut, sie zu verwenden. In Lektion 9 sind das die Übungen 1 und 5. Der Lehrer bringt das ausübende Sprechen in Gang und hält es am Laufen und unterbricht es nicht durch Korrekturen und Erklärungen zur sprachlichen Richtigkeit. Die neuen Redemittel treten immer im Sprachmaterial auf, das unter der Startabbildung steht, und oft werden sie danach in einem Hörtext demonstriert ②. So ist es in den Übungen 2 und 6 von Lektion 9 und in den meisten anderen Lektionen. Die vertiefte Einübung geschieht durch den Übungsteil, auf den der Kursteil verweist ③. Im weiteren Verlauf wird der Lerner an die freie Verwendung („ausüben") herangeführt ④. Dazu benötigt er mustergültige Beispiele, die er sich aneignet und deren Regelhaftigkeit er durchschaut. Das geschieht in Lektion 9 durch die Übungen 3 und 8. Hier findet man logischerweise auch die meisten Verweise auf die Grammatik. Im Übungsteil geht es um die Einübung der formalen Seite durch Hör-Sprech-Übungen, Handhabung der grammatischen Regeln, Aussprache. Die tastende Nachahmung mündet in eine beschleunigte und immer selbstständigere Einübung ⑤. Jetzt sind die letzten Erklärungen und Korrekturen gerade noch angebracht, aber nicht mehr in der abschließenden Ausübung, denn da soll die (im Vergleich zur anfänglichen „Ausübung") angewachsenen Sprachbeherrschung richtig und flüssig unter Beweis gestellt werden (z.B. Übungen 4 und 9 von Lektion 9).

Nicht alle sprachlichen Regeln eignen sich für Erklärungen und Korrekturen. So wird die gesamte Intonation (Tonhöhenwechsel, Lautstärke, Geschwindigkeit, Betonung) zunächst nur ausgeübt. Im weiteren Verlauf wird sie auch demonstriert und absichtsvoll ausgeübt, d.h. eingeübt. Dem einen oder anderen Lerner wird die Regel in Umrissen bewusst, den meisten wohl nicht: Der Lehrer sollte die Regel nicht unaufgefordert liefern. Die meisten sprachlichen Erscheinungen werden zusätzlich zum Einüben – Demonstrieren – Ausüben auch noch durch Vormachen bewusst gemacht und vom Lerner nachgemacht, wie z.B. die Wortbildung, die Adjektivdeklination, die Verwendung der Hilfsverben *sein / haben* im Perfekt und die Artikel- und Pronominalformen. Natürlich demonstrieren wir deren Paradigmen mit den Ordnungsbegriffen Singular / Plural und Nominativ / Akkusativ / Dativ. Aber die Paradigmen isoliert zu lernen, verbessert weder die Flüssigkeit noch die Richtigkeit. Wir üben sie lieber in demonstrierenden, regelerhellenden Anwendungsfällen ein. Dazu ist der Übungsteil da, in Lektion 9 die Seiten 92 / 93 und 94 / 95. Der Unterschied zwischen Präteritum (Lektion 4) und Perfekt (Lektion 5) ist so verschlungen, dass er in Regeln nicht lernbar dargestellt werden kann und soll. Die Regeln des Satzbaus dagegen sind so klar und ausnahmslos, dass man sie gut erklären kann und auch soll. Aber ohne gründliches Ein- und Ausüben werden sie nicht beherrscht. Der Gebrauch von *lassen* im Perfekt in Lektion 9 ist so lange einfach, wie er nicht als Ausnahme der Perfektbildung erklärt wird („anstatt ,er hat den Schlüssel stecken **ge**lassen' ausnahmsweise ,er hat ihn stecken lassen' "). Wir empfehlen auch nicht, den Regelraum dieser „Ausnahme" zu erweitern (*Ich habe ihn kommen hören. Er hat bleiben müssen.*). In diesem Sinne bleiben natürlich auch die Partikeln unerklärt (vgl. Lektion 3, Übung 9 und Übung J), aber nicht undemonstriert (vgl. Gr. S. 31) und erst recht nicht un(aus)geübt.

Durchnahmevorschläge, Transkripte, Lösungen

IM ALLTAG

Eigentums- und Besitzverhältnisse erfragen und angeben: *Wem gehört …? Wer vermisst …?* – Adjektiv-deklination

	Lektion	Übungen / Hausaufgaben	interkulturelle LK
Übung 1	KT sollen tatsächlich die „gefundenen" Gegenstände zeigen und in die Klasse rufen. Stimmengewirr und Durcheinander sind in dieser Phase der Unterrichtseröffnung willkommen.	**A** dient zur Beruhigung und Regulierung der ungeordneten Redetätigkeit, die danach wieder aufgenommen wird.	Die sportlich ausgelegte Freizeitreise (etwa eine Woche) ist ein Trend im deutschen Binnentourismus. Radfahren in der Gruppe und sportliches Wandern sind im Kommen. Die Fernpauschalreise mit Strand und Meer herrscht aber mengenmäßig noch vor. Welche Reisetrends gibt es in Ihrem Land? Welche Reiseformen bevorzugen Sie persönlich?
Übung 2 CD 2, 14 CD AB 38–39	KT lesen die Fragen von Teil a), von denen L je eine auf die KT verteilt. Teil b) machen die KT in Arbeitsgruppen. Dabei läuft der Hörtext endlos. Teil c) wird in der Klasse mündlich und zu Hause schriftlich gemacht.	**B** lenkt die Aufmerksamkeit auf die Adjektivdeklination, deren Regelbildung aber erst in der nächsten Übung …	
Übung 3 CD AB 40	Mit Übung 3 steigen wir in die Regelbildung ein. Obwohl diese Endungen der Adjektive in den vorangegangenen Lektionen behutsam eingeführt wurden, ist nicht damit zu rechnen, dass die Regelbildung bereits auf Anhieb gelingt. Durchnahmezeit nicht länger als 20 Minuten (einschließlich der Übungen C und D).	… **C** stattfindet. Der Lerner erarbeitet sich die Regel, ausgehend von der Endung in **C**, über das Strukturwort mit Endung in **D** bis zum Text in **E**.	
Übung 4	Übung D ist eine gute Einstimmung auf dieses abschließende Rollenspiel. Falls KT noch sehr große Schwierigkeiten mit der Adjektivdeklination haben, kann Übung D an die Stelle von Übung 4 treten. Auf keinen Fall soll das grammatische Lernanliegen bis zum Überdruss (> 20 Minuten) „dran" sein.	**E** und **F** sind Hausaufgabe. Vielleicht wird **F** im Unterricht zusätzlich mündlich gemacht.	

TRANSKRIPT LEKTION

Übung 2

- Peter, hast du schon alles? Koffer, Reisetasche …?
- ▼ Fast alles. Meinen schwarzen Koffer und den grauen Rucksack habe ich. Ich vermisse nur noch einen Stock.
- Peter hat alles. Er sucht nur noch seine Stöcke.
- ▼ Nein, Dora, einen habe ich schon. Es fehlt nur noch einer.
- … seinen Rucksack und seinen schwarzen Koffer hat er schon. Peter … P e t e r !
- ▼ Ja? Was ist?
- Hast du auch deinen *Helm*?

- ▼ Ja, hier ist er.
- Mensch, Peter, das *ist* nicht dein Helm. Der ist dir doch viel zu klein.
- ▼ Ja, aber meiner ist auch rot-schwarz. Also gut, dann muss ich auch noch den Helm suchen.
- Ja, und den kleinen da zurückgeben. Und wie ist es bei euch?
- ▲ Walburga sucht noch ihre Reisetasche.
- ● Eine dunkelgrüne.
- ▲ Also, ihr habt es alle gehört: Walburga sucht noch ihre dunkelgrüne Reisetasche. Stöcke und Helm sind da. Ihren hell-, mittel- oder dunkelroten Koffer hat sie auch.
- ● Den hellroten. Und wie ist es bei dir, Holger?

▲ Ich selbst habe alles, wie ihr seht: meinen braunen Koffer, meinen wunderschönen Rucksack, meinen eleganten, formschönen Fahrradhelm und meine sportlichen Wanderstöcke. Alles da. Oh, Walburga, dahinten links zwischen den zwei blauen Koffern sehe ich eine grüne Reisetasche. Ist das vielleicht deine?

● Die habe ich auch schon gesehen. Aber das ist leider nicht meine. Meine ist dunkelgrün. Hilf mir doch mal suchen. Bitte, Holger.

▲ Jaja, der liebe, gute Holger hilft dir suchen. Aber die finden wir. Nur die Ruhe.

● Hat *Dora* ihr Gepäck schon?

▼ Dora? Ich weiß nicht. Dora, wie weit bist du mit der Suche?

■ Tasche und Stöcke sind da. Aber meinen schönen weiß-blauen Helm finde ich nicht.

▼ Dora, der ist in deinem Koffer. Ich habe selbst gesehen, wie du ihn in den Koffer gepackt hast. Das weiß ich ganz genau. Jetzt müssen wir nur noch den Koffer finden.

TRANSKRIPT ÜBUNGEN

Übung B a)

■ Nehmen Sie dieses Hemd oder das da?
▼ Ich nehme das blaue.
■ Nehmen Sie diesen Kugelschreiber oder den da?
▼ Ich nehme den blauen.
■ Nehmen Sie diese Briefumschläge oder die da?
▼ Ich nehme die blauen.
■ Nehmen Sie dieses Papier oder das da?
▼ Ich nehme das blaue.
■ Nehmen Sie diese Krawatte oder die da?
▼ Ich nehme die blaue.
■ Nehmen Sie diese Handschuhe oder die da?
▼ Ich nehme die blauen.

Übung B b)

■ Ist das Ihr Mantel?
▼ Nein, ich vermisse einen blauen Mantel.
■ Ist das Ihr Regenschirm?
▼ Nein, ich vermisse einen blauen Regenschirm.
■ Ist das Ihre Tasche?
▼ Nein, ich vermisse eine blaue Tasche.
■ Ist das Ihr Buch?
▼ Nein, ich vermisse ein blaues Buch.
■ Sind das Ihre Handschuhe?
▼ Nein, ich vermisse blaue Handschuhe.
■ Ist das Ihr Koffer?
▼ Nein, ich vermisse einen blauen Koffer.
■ Ist das Ihr Handy?
▼ Nein, ich vermisse ein blaues Handy.
■ Sind das Ihre Schreibstifte?
▼ Nein, ich vermisse blaue Schreibstifte.

Übung C

a) Welche Termine passen nicht? Welcher Termin geht vielleicht? Welchen Termin hätten Sie gern? Welche Termine sind bei Thea Bilfinger möglich? Mit welchem Termin sind Sie beide einverstanden?

b) Diese beiden Termine passen. Dieser Termin passt nicht so gut. Ich glaube, ich nehme diesen Termin. Ja, diesen Termin hätte ich gern. Aber mit diesem Termin bin ich auch einverstanden.

c) Ich hätte gern einen dunkelgrünen Anzug. Ach so, Sie haben keine dunkelgrünen Anzüge. Was ist denn das da? Ist das nicht ein dunkelgrüner Anzug? Was? Ein dunkelblauer? Kann sein, aber der dunkelblaue Anzug gefällt mir auch ganz gut.

d) Sie hätten also lieber eine automatische Kamera. Automatische Kameras sind sehr praktisch. Mit automatischen Kameras macht man auch sehr gute Bilder. Sehen Sie hier, ist das nicht ein gutes Bild? Das ist von einer automatischen Kamera.

LÖSUNGEN LEKTION

Übung 2: a) 1 vier; 2 Freizeitreise; 3 grau; 4 nein; 5 Dora; 6 hellrot; 7 Holger; 8 in Doras Koffer
b) gefunden: Peter: einen Stock, seinen Koffer, seinen Rucksack; Walburga: ihre Stöcke, ihren Helm, ihren Koffer; Holger: seinen Koffer, seinen Rucksack, seinen Helm, seine Stöcke; Dora: ihre Tasche, ihre Stöcke – vermisst und sucht noch: Peter: einen Stock; Walburga: ihre Reisetasche; Dora: ihren Helm, ihren Koffer
c) schwarzen, grauen, rot-schwarzen, dunkelgrüne, hellroten, braunen, blauen, grüne, dunkelgrün, weiß-blauen

Übung 3: ◆ Das ist eine besonders elegante Jacke / lustige CD / leise Maschine. Ich hätte auch gern so eine elegante Jacke / lustige CD / leise Maschine. ■ Ja, aber diese elegante Jacke / lustige CD / leise Maschine da gehört mir nicht. Zu Hause habe ich aber eine. – ◆ Das sind besonders bequeme Schuhe / schöne Blumen / interessante Unterlagen. Ich hätte auch gern so bequeme Schuhe / schöne Blumen / interessante Unterlagen. ■ Ja, aber diese bequemen Schuhe / schönen Blumen / interessanten Unterlagen gehören mir nicht. Zu Hause habe ich aber welche. – ◆ Das ist ein besonders großer Koffer / warmer Mantel / schneller Drucker. Ich hätte auch gern so einen großen Koffer / warmen Mantel / schnellen Drucker ■ Ja, aber dieser große Koffer / warme Mantel / schnelle Drucker gehört mir nicht. Zu Hause habe ich aber einen. – ◆ Das ist ein besonders modernes Werkzeug / gutes Wörterbuch. ■ Ja, aber dieses moderne Werkzeug / gute Wörterbuch gehört mir nicht. Zu Hause habe ich aber eins.

Übung 4:

- Ich weiß nicht, wo meine kleine schwarze Aktentasche ist. Ich habe die kleine schwarze Aktentasche in die Ecke gestellt. Hast du eine kleine schwarze Aktentasche gesehen? Du, die hat viel Geld gekostet.
- ▲ Dahinten steht eine kleine schwarze Aktentasche. Ist das deine?
- Ich weiß nicht, wo meine warmen grauen Handschuhe sind. Ich habe die warmen grauen Handschuhe in die Manteltasche gesteckt. Hast du warme graue Handschuhe gesehen? Du, die haben viel Geld gekostet.
- ▲ Dahinten liegen warme graue Handschuhe. Sind das deine?
- Ich weiß nicht, wo mein elegantes graues Handy ist. Ich habe das elegante graue Handy auf den Tisch gelegt. Hast du ein elegantes graues Handy gesehen? Du, das hat viel Geld gekostet.
- ▲ Dahinten liegt ein elegantes graues Handy. Ist das deins?
- Ich weiß nicht, wo meine elektronische Kamera ist. Ich habe die elektronische Kamera in die Aktentasche getan. Hast du eine elektronische Kamera gesehen? Du, die hat viel Geld gekostet.
- ▲ Dahinten liegt eine elektronische Kamera. Ist das deine?

IM BERUF

Ermittlung des Eigentümers – Frage nach liegen gelassenen Gegenständen – *hat liegen / stehen / stecken / … lassen – jemand, niemand, irgend__*

	Lektion	Übungen / Hausaufgaben	interkulturelle LK
Übung 5	Die Vorgaben sollen das Rollenspiel in Gang bringen. Dann arbeiten KT mit eigenen Inhalten weiter, aber entlang dem vorgegebenen Sprechgeländer.	**G:** Sie sollen sich nicht in die Sprechtätigkeit einschalten, auch nicht korrigierend.	
Übung 6 CD 2, 15	Klasse in zwei Gruppen aufteilen. Eine Gruppe konzentriert sich auf a), die andere auf b). Mit Teil c) wird ein heikles grammatisches Thema eröffnet (Typ *hat … stecken lassen*), das als solches am besten gar nicht bewusst gemacht wird: Die KT sprechen analog und nachahmend.	**H** unterstützt die Struktur „liegen / hängen / … *lassen*". Stellen Sie die Regel nicht als Ausnahme der Perfektbildung dar.	
Übung 7 CD AB 41	Die Fragen sind nur ein Anlass zum amüsierten Lesen dieses satirischen Textes.	**I** ist Hausaufgabe. **J** vertieft die Zusammensetzungen mit *irgend-*.	Im Rückgriff auf Übung 10 von Lektion 4 Besinnung auf den Typ des „Drückebergers" und des „Hans Dampf".
Übung 8	Unterrichtsanliegen ist der beherzte Umgang mit den Adjektiv-Endungen. Die KT sollen sich „hineinhören" und „hineinsprechen".	**K:** Ausgehend von den Vorgaben sollen die KT in Teil a) die Nomen zuordnen, in Teil b) gehen sie den umgekehrten Lernweg.	
Übung 9	Ähnlich wie in Übung 5 sollen die KT zunächst mit dem vorgegebenen Material üben, um Flüssigkeit zu erreichen, und dann mit eigenen Beispielen und wechselnden Partnern weiterarbeiten.		

TRANSKRIPT LEKTION

Übung 6
▼ Meine Damen und Herren. Einen Moment bitte. Hallo, bitte einen Augenblick Ruhe. Vielen Dank. Es dauert auch gar nicht lange. Ich möchte nur fragen: Wem gehört dieser Laptop? Den hat jemand im Gruppenarbeitsraum 2 stehen lassen. Also, wer vermisst seinen Laptop? Niemand?

■ Der gehört dem Herrn von Firma Spantax.

● Ja, der gehört Herrn Rensing.

▼ Und wo ist Herr Rensing? Ist der schon weg?

▲ Nein, er ist noch da. Sein Mantel hängt ja noch an der Garderobe. Ich glaube, der ist nur mal zur Toilette gegangen. Er muss gleich kommen.

● Da kommt er ja. Herr Rensing, Ihr Laptop. Das ist doch Ihr Laptop oder nicht?

◆ Ja, der gehört mir. Vielen Dank. Den habe ich bestimmt wieder irgendwo stehen lassen. Wo haben Sie ihn denn gefunden?

▼ Im Gruppenarbeitsraum hat er unter einem Tisch gestanden.

◆ Ah, gut, vielen Dank. Dann habe ich ihn ja wieder. Und wem gehört diese Uhr? Die hat jemand auf dem Waschtisch in der Herrentoilette liegen lassen. Vermisst denn niemand seine Uhr? Gut, dann gebe ich sie an der Rezeption ab.

▲ Ach Frau Wilderich, haben Sie vielleicht den Schlüssel zu Raum 4? Ich glaube, da habe ich meine Unterlagen liegen lassen….

● Ja, und ich habe da meine Firmenposter an der Anschlagwand hängen lassen. Die brauche ich noch. Der Raum war offen. Aber jetzt ist er zu.

▼ Ja, das ist richtig. Ich habe ihn selbst zugeschlossen. Einen Moment, ich gebe Ihnen den Schlüssel. Wo ist denn der Schlüssel? Irgendwo muss der doch sein.

● Vielleicht in Ihrer Handtasche.

▼ Nein da ist er nicht. Das ist ja das Problem.

▲ Frau Wilderich, haben Sie ihn nicht in Ihre Jackentasche gesteckt?

◆ Oder auf den Tisch hier unter die Unterlagen gelegt?

■ Frau Wilderich, ich habe den Schlüssel. Sie haben ihn in der Tür stecken lassen.

TRANSKRIPT ÜBUNGEN

Übung J
■ Wo ist er jetzt?

▼ Irgendwo. Ich weiß nicht wo.

■ Wen ruft er an?

▼ Irgendwen. Ich weiß nicht wen.

■ Wohin fährt er morgen?

▼ Irgendwohin. Ich weiß nicht wohin.

■ Was will die Dame?

◆ Irgendwas. Ich weiß nicht was.

■ Woher kommt die Ware?

▼ Irgendwoher. Ich weiß nicht woher.

■ Wem gehört das?

▼ Irgendwem. Ich weiß nicht wem.

■ Wann ist die Übung zu Ende?

▼ Irgendwann. Ich weiß nicht wann.

■ Danke.

LÖSUNGEN LEKTION

Übung 6: a) 1 seinen Laptop; 2 seine Uhr; 3 ihre Unterlagen; 4 seine Firmenposter; 5 ihren Schlüssel – b) 1 im Gruppenarbeitsraum (unter einem Tisch); 2 in der Herrentoilette (auf dem Waschtisch); 3 in Raum 4; 4 in Raum 4 (an der Anschlagwand); 5 an / in der Tür
c) 2 Ein Herr hat seine Uhr in der Herrentoilette liegen lassen. 3 Eine Dame hat ihre Unterlagen in Raum 4 liegen lassen. 4 Ein Herr hat seine Firmenposter in Raum 4 hängen lassen. 5 Eine Dame hat ihren Schlüssel in der Tür stecken lassen.

Übung 7: a) Herr und Frau Jeder; b) Frau Anderer; c) der Niemand

Übung 8: Mein neuer Mantel / Laptop ist weg. Wer hat einen neuen Mantel / Laptop gesehen? – Meine schwarze Jacke / Tasche ist weg. Wer hat eine schwarze Jacke / Tasche gesehen? – Mein rotes Wörterbuch / Taschenmesser ist weg. Wer hat ein rotes Wörterbuch / Taschenmesser gesehen? — Meine grauen Handschuhe / Stöcke sind weg. Wer hat graue Handschuhe / Stöcke gesehen?

Lektion 9

MAGAZIN

Lieblingsfarben – Farbe und Persönlichkeit

	Lektion	Übungen / Hausaufgaben	interkulturelle LK
Übung 10	In Zweierarbeitsgruppen lesen lassen. Fragen zum Vokabular sind nicht zulässig. Lesezeit auf 10 Minuten begrenzen. Zusätzlich 5 Minuten für das Eintragen und Vortragen der Prozentzahlen.		Die gesamte Thematik ist kulturvergleichend angelegt. Die individu- ellen und kulturspezifi- schen Vorlieben für und Abneigungen gegen Farben können zur Sprache kommen, sind aber auch ein gutes Thema für ein schriftliches Referat mit freiem mündlichem Vortrag. Die metaphorische Verwendung der Farbadjektive in Übung L legt den Sprachver- gleich nahe.
Übung 11 CD AB 42	Die Einteilung von Kunden und Geschäftspartnern nach der hier sehr vereinfacht dargestellten Farbtypologie ist ein Standardthema der Berufspsychologie und sicher auch eine reizvolle Annäherung an die Frage: *Wer und wie bin ich? Wer und wie bist du?* Schließlich bean- sprucht diese Typisierungsmethode, dass man Verhaltensweisen und Entscheidungen anderer mit einiger Treffsicherheit vorhersagen kann.	**L:** Der kleine Ausflug in die metaphorische Bedeu- tung von Farben stimmt auf die Farbsymbolik ein. **M:** Vielleicht verführt der skurrile, surreale Dialog zum Nachspielen oder gar zum Auswendiglernen. Auf keinen Fall soll er im Sinne eines unterrichtli- chen Hörverständnisses abgearbeitet werden.	

TRANSKRIPT ÜBUNGEN

Übung M
▼ Da ist niemand.
■ Wieso niemand?
▼ Die sind schon alle weg.
■ Nicht alle. Sie zum Beispiel sind noch da.
▼ Ja, aber sonst ist niemand da.
■ Wieso sonst niemand?
▼ Ich bin allein. Also, nur ich bin da, sonst niemand.
■ Ich bin auch noch da. Oder bin ich ein Niemand, ein sonst niemand?
▼ Wer sind Sie?
■ Wollen Sie wissen, wie ich heiße, oder wollen Sie wissen, wer ich bin?
▼ Egal.
■ Na ja, so egal ist das nicht.
▼ Wie heißen Sie?
■ Darf ich mich vorstellen, ich heiße Späth, Konrad Späth.
▼ Wer sind Sie?
■ Das weiß ich nicht. Wissen Sie, wer Sie sind? Nie- mand weiß, *wer* er ist. Ich weiß nur, *was* ich bin.
▼ Also gut, was sind Sie?
■ Ich bin das Gleiche wie Sie.
▼ Das Gleiche wie ich? Und was ist das?
■ Niemand. Ich bin niemand. Sie sind auch niemand. Sie haben es eben gesagt. Sie haben gesagt: „Hier ist niemand."
▼ Ach was, ich bin jemand und Sie sind jemand. Aber sonst ist niemand mehr da. Die sind alle schon weg. Es ist sieben Uhr.

■ Fünf vor sieben.
▼ Um sechs Uhr gehen die alle. Spätestens. Nur Herr Langbleib bleibt immer bis halb sieben. Also ist er jetzt auch weg.
■ Dann ist Herr Langbleib seit halb sieben auch so ein Niemand, wie wir beide.
▼ Kann ich Ihnen helfen?
■ Sehr nett von Ihnen. Aber ich vermute, Herr Weiland ist seit sechs Uhr weg.
▼ Seit vier Uhr.
■ Also gut, Herr Weiland ist seit vier Uhr ein Niemand. Ist das so richtig?
▼ Ich weiß nicht. Um vier Uhr ist er mit jemand weggegangen.
■ Mit jemand? Mit Herrn oder Frau Jemand? Mit Herrn Jemand oder mit Frau Jemand?
▼ Mit Herrn Je … äh … es war ein Herr. Herr Weiland ist um vier Uhr mit einem Herrn weggegangen.
■ Also mit *Herrn* Jemand?
▼ Nein, ich weiß nicht, wie der heißt. Das ist ja das Problem. Herr Weiland spricht ja mit niemand. Und niemand kennt diesen … diesen … äh … diesen Jemand.

LÖSUNGEN LEKTION

Übung 10: sehr beliebt: Blau 25% M, Rot 14,3% G – ziemlich beliebt: Grün 13,3% G, Rosa 8% F – we- nig beliebt: Gelb 7,4% G, Grau 7,1% M, Violett 5% F – nicht beliebt: Rosa 3,2% M, Violett 1% M

LEKTION 10: DAS WIEDERSEHEN IN LINDAU

Wörter lernen mit dem Wörterlernheft

Nach landläufiger Vorstellung besteht Wörterlernen im Auswendiglernen zweisprachiger Listen. Schlechte Wörterbücher sehen tatsächlich aus wie Listen. Gute zweisprachige Wörterbücher verdeutlichen die verschiedenen Verwendungsweisen von Wörtern durch Kontexte, denn häufige Wörter, vor allem Verben, haben meist mehrere Verwendungsweisen. Der Anfänger, der ja viele grundlegende Wörter noch nicht kennt und also nachschlagen muss, läuft bei einem kleinen und handlichen Wörterbüchlein Gefahr, dass er das nachgeschlagene Wort mit der falschen Verwendungsweise verknüpft. Bei einem dickeren Wörterbuch hat er den erhöhten Such- und vor allem Leseaufwand, wobei ihn die angebotenen Kontexte möglicher- weise in neuen Klärungsbedarf verwickeln. Es könnte also passieren, dass er rückwärts arbeitet und sich von dem gesuchten Wort entfernt. Wenn er nun aber das Wort gefunden und vielleicht sogar in der richtigen Verwendungsweise notiert hat, dann wird er es bei erneutem Auftauchen vielleicht wiederum nachschlagen müssen, weil er es zwischenzeitlich vergessen hat, oder er wird es in seinem Gedächtnis oder seinem Vokabelheft wiederfinden, hoffentlich in der jetzt passenden Verwendungsweise, aber vielleicht auch nicht. Wortlisten erstellen und nach Wortlisten lernen ist eine mühselige und unzuverlässige Lern- technik.

Das Glossar zu *AB&C* enthält bereits bis zu drei Verweise auf das Vorkommen im Kursteil des Lehrwerks. Falls das Wort in mehr als einer Verwendungsweise auftreten kann, auch wenn im Moment erst eine Verwendungsweise vorkommt, klärt ein Minimalkontext diese Verwendungsweise:

> stellen: Fragen 67, 68, 69
> stellen: den Papierkorb unter den Tisch 48, 56, 57

Während das Glossar eine Klärungshilfe sein will, bietet sich das Wörterlernheft, wie sein Name schon andeutet, als Lernhilfe an. Das Wörterlernheft ist vierspaltig angelegt. Die beiden ersten Spalten dienen der Klärung, die letzten beiden der Erlernung und Sicherung des geklärten Lerninhalts:

zu Besuch kommen	◯ Heute **kommen** Freunde **zu Besuch**. Das **Treffen** mit ihnen	❶ Müllers haben angerufen. Sie kommen morgen _____. Habt	
das Treffen, –	haben wir schon lange geplant. Wir **feiern** das	ihr _____ und wollt auch kommen? Schnitzlers sind auch	
das Wiedersehen	**Wiedersehen** bei uns zu Hause. Möchtest du **dabei sein**?	_____. Jens und Karla wissen noch nicht, ob sie zu dem	
feiern WAS	**Hast** du **Lust**? Du bist herzlich eingeladen.	_____ kommen können. Wir möchten aber das	
dabei sein, war dabei, ist dabei gewesen	☐ Danke, ich bin **dabei**.	_____ mit vielen Freunden aus dem Urlaub	
Lust haben		_____.	

Die vierte Spalte steht zur Verfügung, um vielleicht einen weiteren Kontext, eine persönliche Anmerkung oder die muttersprachliche Bedeutung einzutragen. Letzteres aber eher ausnahmsweise , denn durch die Klärung in Spalte 2 und die Einübung in Spalte 3 ist das Wort klar geworden. Die Übersetzung in ein Wort der Muttersprache birgt das Risiko, dass sich das gerade eben noch im klärenden Kontext gelernte Wort aus diesem Bedeutungsgelänter heraus wieder ins Ungewisse oder gar Falsche verirrt.

So ein weiter Weg für ein Wort? Es geht nicht um dieses oder jenes Wort, sondern um die richtige und flüssige Benutzung der Zielsprache, also um die Sprachbeherrschung (vgl. Lektion 9: Lernschritte zur mündlichen Sprachbeherrschung). Das unbekannte Wort ist ein Auslöser für eine Übungsabfolge, die mit dem Wörterlernheft in Gang gekommen, aber noch nicht beendet ist. Wir empfehlen, den Lerner zu weiterführenden mündlichen Übungen in Variationen anzuhalten, zum Beispiel so:

1. Der Fotokopierer ist ein Kopiergerät. Bei uns gibt es aber noch andere Kopiergeräte.
   Google ist …
2. Benutzen Sie als Kopiergerät nur den Fotokopierer?
   Benutzen Sie als Planungsinstrument …?
3. Die Bürola ist weg. Die brauche ich. Diese Büromaschine ist wichtig für mich.
   Der Terminkalender …
4. Ich weiß nicht, ob wir den Computer als Spiel- und Arbeitsgerät wirklich brauchen. Was meinen Sie:
   Brauchen wir den Computer als Spiel- und Arbeitsgerät oder brauchen wir ihn nicht?
   Ich weiß nicht, ob wir den Fotokopierer als …

Das Lernanliegen „Wörter" geht in das umfangreichere Lernanliegen „Versatzstücke mit semantischen Austauschstellen einüben" über und hat die Sprachbeherrschung zum Ziel: richtig und flüssig.

Durchnahmevorschlag, Transkripte, Lösungen

IM ALLTAG

Geselliges Beisammensein, Feiern: Wiedersehen, Pokalgewinn, Kursabschluss, essen gehen … – vorschlagen, einladen / zum Mitmachen auffordern, Verabredungen treffen – Angabe von Zeitpunkt und Zeitdauer, temporale Präpositionen: *von – bis, seit, vor, ab, in, um, am*

	Lektion	Übungen / Hausaufgaben	interkulturelle LK
Übung 1	Weisen Sie auf die Einstiegsabbildungen und die Kurzdialoge hin: *Worum geht es? Was feiern die Leute?* Sammeln Sie weitere Vorschläge an der Tafel: *Wozu haben Sie Lust?* KT entscheiden sich für ein Vorhaben, suchen Partner: *Machst du mit? Habt ihr auch Lust? …* und treffen Verabredungen.	**A** hilft, die Gruppenarbeit anzustoßen und zu steuern. In schwachen Gruppen kann sie Ü 1 ersetzen.	Welche Anlässe für gesellige Treffen gibt es bei Ihnen? Was ist anders als in D-A-CH? Wie, wo, wann, wie oft, mit wem? Was ist anders, besser als hier, nicht so gut wie hier?
Übung 2 CD 2, 16	Vor dem Hören Rückbezug auf die Abbildung „Radlertreffen im Restaurant" (Ü 1), Klärung der Situation. Dann Vermutungen zu den Fragen: Wer ist Monika, wer sind die Radler? (s. Lektion 1!) Was könnte in b) zusammenpassen?	**B** nimmt den Dialog zwischen S. Häberle und seiner Kollegin M. Pilz zum Anlass für eine Auffrischung der indirekten Frage (Lektion 8!)	
Übung 3 CD AB 43 CD AB 44	L erinnert an die Situation im Gespräch Ü 3. KT sollen beim überfliegenden Lesen auf die Zeitangaben als Signal für die Lösung der Aufgabenstellung Teil a) achten. Die Lösung von Teil b) kann anhand der Texte in Teil a) überprüft werden.	Das vertiefende Leseverstehen **C** machen KT eher als Hausaufgabe. **D** und **E** (temporale Präpositionen): nach Bedarf auswählen, jeweils einige Anwendungsfälle sowie die Sprechübungen **D** b) und **E** c) im Unterricht machen, Rest zu Hause.	
Übung 4	Zunächst beziehen sich KT auf die Vorgaben im Buch. Dann stellen sie ihre Vorhaben aus Übung 1 mithilfe der Redemittel dar. Gute Gruppen können Schritt 1 übergehen und die Stichworte im Buch als Schreibaufgabe zu Hause machen.	**F:** An Ü 4 angelehnte, durch die Vorgaben stärker entlastete Aufgabe zur Darstellung eines zeitlichen Ablaufs nach dem Schema: *Seit … – Vor … – In …*	

TRANSKRIPT LEKTION

Übung 2

● Hallo, Monika, du hast doch gesagt, du willst zu unserem Radlertreffen kommen. Jetzt ist es so weit. Jetzt haben wir endlich einen Termin gefunden.

▲ Radlertreffen?? Was für ein …

● Na, unsere Radtour vor einem Jahr! Jetzt kommen ein paar von den Leuten zu Besuch. Du hast sie vielleicht schon auf unserer Hochzeit kennengelernt, vor sechs Monaten.

▲ Ach ja, jetzt fällt's mir wieder ein. Sie kommen hier in Lindau zu einem Wiedersehen zusammen. Und wann ist es so weit?

● Freitag in einer Woche.

▲ Also am … warte mal, am sechzehnten. Oh, da könnte es schwierig werden. Da betreue ich eine wichtige Besuchergruppe. Wann genau geht's denn los?

● Ich denke, so ab sieben, halb acht. Ich muss noch ein passendes Restaurant organisieren.

▲ Also, ich muss mal sehen, ob es klappt. In vier Monaten will ich ja auch eine Fahrradreise machen. Da möchte ich schon wissen, was euch gefallen hat, was nicht so gut war und so weiter.

TRANSKRIPT ÜBUNGEN

Übung D b)

● Vor drei Jahren hast du angefangen?

▲ Ja, das mache ich schon seit drei Jahren.

● Vor fünf Tagen hast du angefangen?

▲ Ja, das mache ich schon seit fünf Tagen.

● Vor zwei Wochen hast du angefangen?

▲ Ja, das mache ich schon seit zwei Wochen.

● Vor einer Stunde hast du angefangen?

▲ Ja, das mache ich schon seit einer Stunde.

● Vor zehn Minuten hast du angefangen?

▲ Ja, das mache ich schon seit zehn Minuten.

● Vor einem Monat hast du angefangen?

▲ Ja, das mache ich schon seit einem Monat.

Übung E c)

● Noch eine Stunde bis zur Ankunft?

▲ Ja, die Ankunft ist in einer Stunde.

● Noch eine Woche bis zur Abfahrt?

▲ Ja, die Abfahrt ist in einer Woche.

● Noch zwei Tage bis zum Termin?

▲ Ja, der Termin ist in zwei Tagen.

● Noch ein Jahr bis zum Beginn?

▲ Ja, der Beginn ist in einem Jahr.

● Noch zehn Minuten bis zur Besprechung?

▲ Ja, die Besprechung ist in zehn Minuten.

● Noch eine halbe Stunde bis zur Pause?

▲ Ja, die Pause ist in einer halben Stunde.

LÖSUNGEN LEKTION

Übung 1: Lösungsbeispiele: Morgen machen wir einen Ausflug. Kommst du mit? Ja gern. Aber wann genau? Von 10.00 Uhr bis 17.00 Uhr. – Nächste Woche wollen wir einen Ausflug machen. Habt ihr auch Lust? Ja gern. Aber wann? Am Samstag.

Übung 2: a) Das sind die Teilnehmer an der Fahrradtour Passau – Wien (Lektion 1). Sie waren auch auf der Hochzeit von Sigmund Häberle und Tanja Nürnberger (Lektion 7) – b) 1B, 2D, 3C, 4A – c) Sie ist noch nicht sicher, vielleicht ist sie dabei.

Übung 3: a) Gespräch zwischen Sigmund und Monika: vielleicht vor einer Woche oder zehn Tagen; die E-Mail war wahrscheinlich früher; die Einladung an Herrn Zimmermann und die Notiz sind später. – b) seit, Vor, Vor, Seit, in, Am, bis, ab

Übung 4: (Lösungsbeispiele:) Seit Weihnachten wollen wir unsere Freunde treffen. Vor zwei Tagen haben wir sie eingeladen. Wir erwarten sie in einem Monat. Kommt ihr auch? – Seit vielen Jahren wollen wir ein Familientreffen organisieren. Vor einem Monat haben wir endlich einen Termin gefunden. Im nächsten Monat treffen wir alle in einem Restaurant. Hast du auch Lust?

IM BERUF

Geselliges Beisammensein, Feiern: ins Gespräch kommen, im Gespräch bleiben – Possessivartikel (Nominativ, Akkusativ, Dativ Singular / Plural)

	Lektion	Übungen	interkulturelle LK
Übung 5 Projektionsfolie	KT erkennen die Teilnehmer des Treffens der Seiten 96 / 97 und die Situation: Die Leute sind miteinander ins Gespräch gekommen. In Partnerarbeit lesen die KT den Beispieldialog, identifizieren die Gesprächspartner und die angeschnittenen Themen. Sie suchen nach Anknüpfungspunkte für Gespräche mit anderen KT. Die Kurzinformationen über die Gäste des Abends geben dazu Anregungen.	Wie können Gespräche in Gang gesetzt / gehalten werden? Das zeigen die Fragen und Antworten in **G** a) – *Wie gefällt es Ihnen hier? – (Sehr) gut. (Ich habe sehr nette Kollegen)* und in b) – *Ach, Sie haben auch Kinder ? – Ja. (Einen Sohn und eine Tochter.)*	Smalltalk: Gesprächsführung im informellen Rahmen: • Welche Themen sind in Ihrem Land üblich? • Welche Themen muss man vermeiden? • Welche Fragen darf man stellen? • Wie fragt man? • Wer ergreift die Gesprächsinitiative? Gibt es dafür Regeln? • Was ist Ihnen im deutschsprachigen Raum in diesem Zusammenhang aufgefallen?
Übung 6 CD 2, 17	KT haben die Kurzinformationen über die Gäste zur Kenntnis genommen, sodass sie die beteiligten Gesprächspartner identifizieren (Teil a) und die Funktion der Informationen als „Gesprächsbrücke" erkennen (Teil b) können.		
Übung 7 CD AB 45	Die Übung bereitet die Anwendung in 9 vor. Die Gesprächsanbahnung (direkte und indirekte Fragen) in Teil a) gehen in das Sammeln von Anknüpfungspunkten über. In Teil b) bauen KT in Partnerarbeit die Anregungen zur Gesprächsbelebung in den Dialog ein.	Gesprächsanbahnung (**H**), Aufrechterhalten des Gesprächs (**I**) am besten in Partnerarbeit. Bei der Sprechübung **J** achten die KT auf lebensnahe Intonation.	
Übung 8	Die Formen des Possessivartikels werden in *AB&C 1* erstmals thematisiert, laufen in *AB&C 2* mit, werden in Le 7, S. 71 aufgegriffen und kommen in Le 10 gehäuft in allen Formen vor. Mit der freien Reihenübung wird das Thema hier vorläufig abgeschlossen.	Falls **K** im Unterricht gemacht wird, dann eher als mündliche Reihenübung, also nicht schriftlich. KT erkennen die Austauschstellen mit steigendem Tempo.	
Übung 9	Der Abschluss des Lernschritts (und des Buchs) gibt den KT Gelegenheit zum vertieften Kennenlernen der Kollegen. Dabei wenden sie die bewusst gemachten Gesprächstechniken an.	**L** (Aussprache anknüpfend an *dein, euer* …) und **M** (Personalpronomen und Possessivartikel) vor Einstieg in Ü 9.	

TRANSKRIPT LEKTION

Übung 6
- ● Ich höre gerade, Sie haben vor Kurzem geheiratet. Dazu möchte ich Ihnen noch viel Glück wünschen.
- ▲ Das ist sehr nett von Ihnen, vielen Dank. Sind Sie auch verheiratet?
- ● Ja, und ich habe drei Kinder.
- ▲ Söhne oder Töchter?
- ● Zwei Töchter und einen Sohn. Und Sie bekommen ja auch bald Ihr erstes Kind. Wann ist es denn so weit?
- ▲ In vier Wochen. Wir freuen uns schon sehr.
- ● Das glaube ich. Viel Glück. Möchten Sie einen Sohn oder lieber eine Tochter?
- ▲ Wir freuen uns über beides.
- ● Da haben Sie recht.
- ■ Darf ich Sie etwas fragen?
- ● Ja bitte, natürlich.
- ■ Ich habe gerade gehört, wie Sie sich unterhalten haben. Sie sprechen ja fantastisch Deutsch.
- ● Danke!
- ■ Ja, und wie haben Sie das gelernt? Ich mache nämlich gerade einen Spanischkurs.
- ● Ach, wissen Sie, ich habe in Deutschland studiert und komme beruflich oft nach Deutschland und Österreich.
- ■ Und wo haben Sie studiert?
- ● In Köln. Vor zwölf Jahren habe ich dort mein Examen gemacht.
- ■ In Köln! Hat es Ihnen da gefallen? Wir wohnen ganz in der Nähe.
- ● Ja, sehr. Ich habe heute noch Freunde dort, zum Beispiel meine Vermieter in Godorf. Da habe ich zwei Jahre gewohnt.
- ▲ In Godorf!! Wir kommen auch aus Godorf.
- ◆ Entschuldigung, darf ich Sie etwas fragen? Sie haben gerade gesagt, Sie haben in Deutschland studiert. Was machen Sie denn beruflich?
- ▲ Ich bin in Lagos für das Verkehrsmanagement …

TRANSKRIPT ÜBUNGEN

Übung J
- ● Ich wohne in Köln.
- ▲ Ach ja? Ich wohne auch in Köln.
- ● Ich mache eine Radtour.
- ▲ Ach ja? Ich mache auch eine Radtour.
- ● Ich arbeite als Sekretärin.
- ▲ Ach ja? Ich arbeite auch als Sekretärin.
- ● Ich lerne Spanisch.
- ▲ Ach ja? Ich lerne auch Spanisch.
- ● Ich spiele gern Fußball.
- ▲ Ach ja? Ich spiele auch gern Fußball.
- ● Ich arbeite bei SyncronTec.
- ▲ Ach ja? Ich arbeite auch bei SyncronTec.
- ● Ich fahre nach Frankreich.
- ▲ Ach ja? Ich fahre auch nach Frankreich

LÖSUNGEN LEKTION

Übung 6: a) Heirat, Kinder; gutes Deutsch, Sprachen lernen, gemeinsamer Wohnort, Freunde in Godorf; Studium in Köln, Berufstätigkeit – b) Familie (Tanja Häberle und Herr Okanga); Wohnort, Sprachkenntnisse (Laura Fröhlich und Herr Okanga); Studium, Beruf (Herr Okanga / Peter Schweisguth)

Übung 7: a) Lösungsbeispiele: Darf ich Sie etwas fragen? Fahren Sie auch gern Fahrrad? – Darf ich mich an Ihrem Gespräch beteiligen? Sind Sie Ingenieur? Ich bin nämlich auch Ingenieur. – Darf ich Sie fragen, seit wann Sie hier wohnen? – Ich möchte Sie fragen, ob es Ihnen am Bodensee gefällt. – Ich höre gerade, Sie haben in Köln studiert. Ich habe auch in Köln studiert.

b) Lösungsbeispiel:
- ● Woher kommen Sie, Herr Zimmermann?
- ▲ Aus Luzern. Kennen Sie Luzern?
- ● Nein leider nicht. Wie lange sind Sie schon in Lindau?
- ▲ Zwei Wochen. Wie gefällt es Ihnen am Bodensee?
- ● Hier ist es sehr schön. Was machen Sie hier?
- ▲ Ich bin beruflich hier. Ich habe Gespräche bei SyncronTec.
- ● Interessant! Da ist ja auch Herr Bölli tätig. Fahren Sie auch gern Rad?
- ▲ Nein. Aber ich spiele gern Tennis.
- ● …

Übung 8: Wer ist das? Das ist unser Chef. Mit wem spricht der Herr? Mit unserem Chef. Kennen Sie unseren Chef schon? – Wer ist das? Das ist sein Kunde. Mit wem spricht der Herr? Mit seinem Kunden. Kennen Sie seinen Kunden schon? – Wer ist das? Das ist unsere Verkaufsleiterin. Mit wem spricht der Herr? Mit unserer Verkaufsleiterin. Kennen Sie unsere Verkaufsleiterin schon? – Wer ist das? Das sind ihre Kollegen. Mit wem spricht der Herr? Mit ihren Kollegen. Kennen Sie ihre Kollegen schon?

MAGAZIN

Trinksprüche / Toasts ausbringen, Zuprosten, Anstoßen auf die Gesundheit, die Freundschaft, die Zukunft, den Kurs, … Danken für die Einladung, den schönen Abend, den interessanten Aufenthalt, den guten Unterricht, …

	Lektion	Übungen	interkulturelle LK
Übung 10	Die KT ordnen die Aussagen den Abbildungen zu. Sie erkennen dabei die unterschiedlichen Situationen (geselliges Gespräch / ein einzelner Teilnehmer ergreift das Wort), den unterschiedlichen Grad an formellem Verhalten und die dafür angemessenen Redewendungen.	**N** orientiert die KT auf einen geselligen Abschluss des Kurses und greift nebenbei noch einmal die Formen der Possessivpronomen auf.	Wie lauten bei Ihnen die Trinksprüche? Welche Regeln gelten fürs Anstoßen? Gibt es Unterschiede?
Übung 11 CD 2, 18	Der Inhalt der Ansprache zum Kursende und die darin enthaltene Kursbilanz sollen nicht im Einzelnen ausgewertet werden. Der Blick ist auf Stil und Form gerichtet. Allenfalls können einzelne Stichpunkte notiert werden, wenn die KT den Kurs mit einer kleinen Ansprache abschließen wollen. Alternativ nimmt L den Text zum Anlass für eine Ansprache an die KT.		Kursatmosphäre, Unterricht, Rolle des Lehrers hier – bei Ihnen

TRANSKRIPT LEKTION

Übung 11

● Liebe Frau Brenner, liebe Kolleginnen und Kollegen, liebe Freunde,
jetzt ist unser Kurs zu Ende. Zwei Monate lang sind wir zweimal pro Woche nach Feierabend hier zwei Doppelstunden zusammengekommen. Wisst ihr noch, wie es damals war? 40 mal 45 Minuten – das ist viel Zeit. Aber jetzt, am Kursende, fragen wir uns: Ist die Zeit schon zu Ende? Wir haben doch gerade erst angefangen!
Vor zwei Monaten haben wir alle schon etwas Deutsch gesprochen. Jetzt können wir ziemlich viel. Nächste Woche machen wir unsere Prüfung „Start 1". Aber das ist kein Problem für uns, oder?

▲ Nein nein! Kein Problem! Das schaffen wir! …

● Richtig, das glaube ich auch. Wir haben ja geübt: „In Partnerarbeit: Fragen Sie andere Kursteilnehmer.", „Notieren Sie die Antworten.", „Berichten Sie.", „Diskutieren Sie!" Also, ich probiere es jeden Tag in der Firma, und tatsächlich: Es klappt! Es funtioniert! Wir haben bei Frau Brenner wirklich Deutsch gelernt! Frau Brenner, dafür danken wir Ihnen! Sie haben einen tollen Kurs gemacht! Super. Und noch etwas: Wir haben nicht nur Nominativ-Akkusativ-Dativ, Begrüßen, Befragen, Besprechen, Bedanken und Berichten gelernt. Wir haben auch neue Freunde gefunden. Na klar, ihr seid alle nette Leute. Ich habe gehört, es gibt vielleicht sogar eine Hoch-

zeit – wie in Lektion 7: Tanja und Sigmund aus der Radler-Gruppe. Wisst ihr noch?

▲ Oho! Hört hört! Abwarten! …

● Trinken wir also auf den schönen Kurs, auf die Gesundheit von Frau Brenner, auf unsere Freundschaft und aufs Wiedersehen. Zum Wohl!

▲ Und auf unsere Prüfung!

● Natürlich, auf unsere Prüfung! Viel Glück!

▲ Viel Glück! Viel Glück! Zum Wohl! …

LÖSUNGEN LEKTION

Übung 10: (Lösungsbeispiele) Abbildung 1: Lasst uns auf den schönen Abend anstoßen. / Prost! Zum Wohl! / Auf euer Wohl! – Abbildung 2: Ich möchte euch für den schönen Abend danken. Auf euer Wohl! / Zum Wohl! / Auf euer Wohl! – Abbildung 3: Ich möchte einen Toast ausbringen auf Sie, Herr …

Übung 11: Der Kurs war: toll, super, großartig, insgesamt erfolgreich, … – Toast: auf den schönen Kurs, auf die Gesundheit von Frau Brenner (die Lehrerin), auf die Freundschaft und das Wiedersehen (beim Prüfungstermin, bei einem Glas Wein, im nächsten Kurs)

Name: _____   **Kurs:** _____

HÖREN

Lesen Sie die Aufgaben 1–15. Hören Sie dann den Dialog (Übung 2, Kursbuch Seite 86, CD 2, 14) zweimal.
Schreiben Sie die passenden Wörter (A–K) in die Lücken.

> A Reisetasche   B Rucksack   C Stock   D Helm   ~~E Koffer~~   F Tasche
>
> G Stöcke   H rot-schwarz   I dunkelgrün   J hellrot   K weiß-blau

Peter hat schon seinen (0) _Koffer_ und seinen (1) _____ gefunden. Einen (2) _____ hat er

noch nicht gefunden. Und er hat noch nicht den richtigen (3) _____. Sein Helm ist (4) _____.

Walburga sucht noch ihre (5) _____. Aber ihre (6) _____ , ihren (7) _____ und ihren

(8) _____ sucht sie nicht mehr. Ihre Reisetasche ist (9) _____ und ihr Koffer ist (10)

_____. Dora hat ihre (11) _____ und ihre (12) _____. Aber sie sucht noch ihren

(13) _____ und ihren (14) _____. Ihr Helm ist (15) _____.

Punkte: _____ / 15

LESEN

In welchem Schreiben finden Sie das? In Schreiben A, B oder in keinem?

Kreuzen Sie an.   **A   B   –**

		A	B	–
0	Die Mitarbeiter haben es geschrieben.			X
1	Es ist ein Dankschreiben.			
2	Es ist ein Entschuldigungsschreiben.			
3	Es ist eine Einladung.			
4	Jemand hatte Geburtstag.			
5	Es gab ein Dienstjubiläum.			
6	Das Essen war gut.			
7	Es gibt Musik und Tanz.			
8	Es gibt ein Firmenjubiläum.			
9	Die Familie war dabei.			
10	Die Mitarbeiter sind eingeladen.			

> **A**
>
> Sehr geehrte Damen und Herren,
> liebe Mitarbeiterinnen und Mitarbeiter,
>
> vor 25 Jahren haben wir in einer kleinen Werkstatt angefangen. Heute liefert die Caro GmbH ihre Produkte an Kunden in ganz Süddeutschland. Diesen Erfolg möchten wir am Mittwoch, dem 15. April, mit Ihnen feiern. Ab 10.00 Uhr gibt es ein umfangreiche Festprogramm. Sie können sich laufend unter www.caro.com informieren. Nur so viel: Es wird spannend! Für Essen und Trinken ist gesorgt.
>
> Ihr Rolf E. Cammann
> Geschäftsführer

> **B**
>
> Lieber Gustav,
> nach dem schönen Nachmittag sind wir wieder gut nach Hause gekommen. Wir möchten dir und deiner Frau noch einmal für eure Gastfreundschaft danken. Das Essen, die Getränke, viele interessante Gespräche mit alten und neuen Bekannten – das war alles klasse. Besonders hat uns das selbst gemachte Geburtstagsgedicht von deinen Enkeln gefallen. Einen extra Glückwunsch zu deiner tollen, großen Familie.
> Herzliche Grüße
> Deine Ruth und dein Ernst

Punkte: _____ / 10

GRAMMATIK

a) Schreiben Sie die passenden Präpositionen in die Lücken.

(0) _Im_ Januar (1) _____ zehn Jahren ist Herr Özbek in unsere Firma gekommen. (2) _____ fünf

Jahren arbeitet er im Verkauf. (3) _____ nächster Woche soll er die Abteilungsleitung übernehmen. Der

Einzug in sein neues Büro ist aber erst (4) _____ drei Wochen möglich. (5) _____ zum Einzug finden

Sie ihn an seinem alten Arbeitsplatz.

Punkte: _____ / 5

Zwischentest 5

b) Schreiben Sie die Endungen in die Lücken.

● Hast du (0) dein_e_ (1) neu___ Unterlagen schon bekommen?

▲ Wieso? Gibt es (2) neu___ Unterlagen?

● Ja, in (3) mein___ Abteilung haben wir schon (4) welch___.

▲ Ich frage mal die Kollegen. Aber in (5) unser___ Büro geht immer alles sehr langsam. Das ist ein (6) alt___ Problem.

● Ja, aber die (7) viel___ Papiere sind auch ein (8) groß___ Problem. So (9) viel___ Papiere! Was sollen wir mit so (10) viel___ Papieren machen?

10 x 0,5 = _____ / 5

SCHREIBEN

Sie haben etwas vergessen, liegen lassen, hängen lassen, … Sie möchten es wieder-haben. Schreiben Sie eine Nachricht:

• Wann?

• Was?

• Aussehen (Farbe, Größe, Modell, …)

• Wo?

• Ihre Bitte

_____
_____
_____
_____
_____
_____
_____
_____
_____
_____

Punkte: 5 x 2 = _____ / 10

WORTSCHATZ

a) Wie heißen die Wörter?

die _____   die _____   der _____   die _____   der _____

das _____   der _____   der _____   der _____   der _____

10 x 0,5 = _____ / 5

b) Was passt? Ordnen Sie zu.

0 Abfall ⎯⎯⎯⎯⎯ A einladen

1 eine Reise ⎯⎯⎯ B entsorgen

2 Gäste   C haben

3 das Wiedersehen   D reservieren

4 einen Platz im Zug E feiern

5 Lust   F buchen

Punkte: _____ / 5

Ergebnis: _____ Punkte x 2 = _____ / 100

80

Alltag, Beruf & Co. 2 Lehrerhandbuch ISBN 978-3-19-241590-6 © Hueber Verlag 2010

LEKTION 1

Übung A

a) in, bin, euer, euch, in, auf – b) euch, heiße, hier, bin, euch, bei – c) dich, bin, bei, dir, am

Übung B

Wie alt ist sie? Sie ist 34 Jahre alt. – Was ist sie von Beruf? Sie ist Bürokauffrau von Beruf. – Woher kommt sie? Sie kommt aus Godorf. – Ist sie ledig / verheiratet? Sie ist verheiratet. – Name: Wie heißt er? Er heißt Hans Fröhlich. – Alter: Wie alt ist er? Er ist 34 Jahre alt. – Was ist er von Beruf? Er ist Chemiefacharbeiter von Beruf.

Übung C

• …, eure Busfahrerin. ▲ Freut mich, Liesl. Ich heiße Tanja. Ich bin 26 Jahre alt, Juristin aus Bregenz. • Viel Spaß hier auf unserer Busreise. – • … Mein Name ist Lieselotte Graf. Ich bin Ihre Busfahrerin. ▲ Freut mich. Ich heiße Tanja Nürnberger. Ich komme aus Bregenz. Ich bin 26 Jahre alt und Juristin (von Beruf). • Herzlich willkommen zu unserer Busreise.

Übung D

b) Ich erwarte frische Waren und günstige Angebote. Ich möchte auch abends und am Wochenende einkaufen und natürlich hätte ich gern freundliches Personal. – c) Ich erwarte beruflichen Erfolg. Ich möchte gesund bleiben und natürlich hätte ich gern eine schöne Wohnung

Übung E

Nimm den Bus um sechs. Geh von der Haltestelle Marktplatz noch 200 Meter geradeaus. Bleib bis zum Geburtstag von Tanja um 24 Uhr. Bring kein Geschenk mit. Vergiss aber die Verabredung nicht. – Sie soll pünktlich um halb neun kommen. Sie soll den Termin nicht vergessen. Sie soll den Aufzug in die 4. Etage nehmen. Dort soll sie links in Raum 412 gehen. Sie soll zehn Minuten über ihr Projekt berichten.

Übung G

a) 2 u kurz, 3 ü kurz, 4 u kurz, 5 ü lang, 6 u kurz, 7 ü kurz, 8 ü lang, 9 u kurz 10 u lang

Übung H

…, meine Damen und Herren. Im Namen der Geschäftsführung möchte ich Sie herzlich bei SyncronTec begrüßen. Das ist meine Mitarbeiterin, Frau Pilz. Frau Pilz ist für unsere Besucher zuständig. Wir wünschen Ihnen interessante Gespräche bei uns. – … auch im Namen von Frau Pilz bei uns in der Hauptniederlassung herzlich willkommen heißen. Frau Pilz ist bei SyncronTec für unsere Besucher zuständig und betreut Sie. Wir hoffen, Sie finden interessante Gesprächspartner.

Übung I

a) Herkunft: Lindau, Beruf: Wirtschaftsingenieur, Tätigkeit: stellvertretender Abteilungsleiter, Firma: SyncronTec, Lindau, Alter: 29 Jahre, Familienstand: ledig, keine Kinder
b) Lindau – Wirtschaftsingenieur – SyncronTec, Lindau, stellvertretender Abteilungsleiter – 29 Jahre – ledig

Übung J

a) … – erwarten; b) von / aus – möchte, c) vom – möchten; d) von – erwartet; e) aus – möchte; f) von – erwartet

Übung K

a) Frau Thomas – Chur – der Wäggeli AG – Chur – den Vertrieb – Freut mich. / Herzlich willkommen. / Angenehm.
b) Ich möchte Ihnen Herrn Valtino vorstellen. Herr Valtino kommt aus Dresden. Er ist bei BMW in München für die EDV zuständig. – Freut mich. / Herzlich willkommen. / Angenehm.

Übung M

a) einer, den, der – der, der, Den; b) kein, welche, eins – keins, eins – keins, eins, welche, eins;
c) eine – welche, die, Die – Die, (k)eine / welche – eine, die – Die, die, Die; d) keine – welche, welche – welche / eins – keine, eins

Lösungen Übungen

LEKTION 2

Übung A

2 erklären 3 unterstreichen, 4 lesen … vor, 5 kreuzen … an, 6 streichen … durch, 7 hören … zu, 8 wiederholen, 9 tragen … vor, 10 korrigieren

Übung B

1 berichtet, buchstabiert, liest vor, trägt vor; 2 hört zu, notiert; 3 schreibt ab, trägt ein, notiert; 4 liest, liest vor, unterstreicht, schreibt ab, kreuzt an, trägt ein; 5 berichtet, liest vor, trägt vor, buchstabiert

Übung C

a)

1	Verb 1	…	Verb 2
2 Du	sollst	die Fehler	korrigieren.
3 Du	sollst	A oder B	ankreuzen.
4 Du	sollst	die Angaben	eintragen.
5 Du	sollst	die Frage	beantworten.
6 Du	sollst	den Text	abschreiben.
7 Du	sollst	die Wörter	notieren.

b)

1	Verb 1	…	Verb 2
	Korrigiere	die Fehler.	
	Kreuz(e)	A oder B	an.
	Trag	die Angaben	ein.
	Beantworte	die Frage.	
	Schreib	den Text	ab.
	Notiere(e)	die Wörter.	

Übung E

a) B-1 / 8 / 14 / 15, C-1 / 3 / 15, D-10 / 14 / 15, E-7 / 9, F-2 / 3 / 4 / 7 / 8 / 9 / 10, G-2 / 5 / 6 / 7 / 11 / 12 / 13, H-1 / 2 / 5 / 7 / 12 / 13 / 14

b) Lösungsbeispiel Hinfahrt: … und fahren um 9.21 Uhr mit der S-Bahn weiter. Um 9.26 Uhr kommen wir am Rheinfall an. Dort steigen wir aus. – Lösungsbeispiel Rückfahrt: … um 14.33 Uhr in die S-Bahn ein. Um 14.38 Uhr kommen wir am Bahnhof an. Da steigen wir um. Wir steigen in den Bus ein und fahren um 14.45 Uhr weiter. Um 14.50 Uhr kommen wir an der Schifflände an.

Übung F

a) Basel, nach Wien; b) mit dem Zug; c) 1 einmal, 2 zweimal; d) Ab Basel 9.04 Uhr, zehneinhalb Stunden – 19.34 Uhr; e) ab Basel 9.04 – an Frankfurt 11.53 Uhr – ab Frankfurt 12.18 Uhr – an Wien 19.34 Uhr

Übung G

Siehe Lösungsbeispiel im Buch.

Übung H

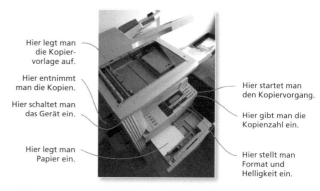

Hier legt man die Kopiervorlage auf.

Hier entnimmt man die Kopien.

Hier schaltet man das Gerät ein.

Hier legt man Papier ein.

Hier startet man den Kopiervorgang.

Hier gibt man die Kopienzahl ein.

Hier stellt man Format und Helligkeit ein.

Übung I

a) Schritt 2: Dann sucht man die Antworten im Text. Schritt 3: Dann kreuzt man die richtigen Antworten an. Schritt 4: Zuletzt trägt man die Antworten vor. – b) Schritt 1: Zuerst begrüßt man die Konferenzbesucher. Schritt 2: Dann stellt man die Teilnehmer vor. Schritt 3: Dann erklärt man das Programm. Schritt 4: Zuletzt beginnt die Konferenz.

Übung J

passt nicht: b) B, c) B, d) A, e) A, f) B, g) C, h) A, i) B, j) C

Übung K

a) 1 untrennbar, 2 trennbar, 3 trennbar, 4 untrennbar, 5 trennbar, 6 trennbar, 7 untrennbar, 8 trennbar, 9 trennbar, 10 untrennbar, 11 trennbar, 12 untrennbar, 13 untrennbar, 14 trennbar, 15 untrennbar

Übung L

Lösungsbeispiel: a) … muss man das Navigationssystem installieren. Dann muss man das Gerät am Armaturenbrett befestigen. b) … Zigarettenanzünder an. Schalten Sie dann das Gerät an: Drücken Sie die Taste Ein / Aus. Rufen Sie dann das Programm auf und warten Sie das GPS-Symbol ab. c) Sie geben zuerst das Reiseziel ein. Sie tippen dann auf den Menüpunkt *Ort auswählen* und geben den Ort ein. Zuletzt bestätigen Sie die Eingabe.

Übung M

b) ein, c) mit, d) be, e) an, f) ver, g) vor, h) ab

Übung N

1 Tastatur, 2 Papierfach, 3 Rechner, 4 Navigator, 5 Netzkabel, 6 Druckerpatrone, 7 Laufwerk, 8 Stromnetz

Alltag, Beruf & Co. 2, Lehrerhandbuch, ISBN 978-3-19-241590-6, © Hueber Verlag, 2010

LEKTION 3

Übung A

a) gut zuhören, etwas auf das Flipchart schreiben –
b) einen guten Appetit wünschen, das Essen
auswählen, ein Getränk bestellen – c) die Nachbarn
verständigen, die Heizung herunterdrehen, das
Licht ausmachen – d) die Anmeldung ausfüllen, die
Übernachtung bezahlen

Übung B

b) Teresita gibt gerade den Text ein. Um halb
zwölf / elf Uhr dreißig kopiert Teresita die Unterlagen. – c) Teresita schreibt gerade die Angebote.
Um halb eins / zwölf Uhr dreißig vereinbart Teresita
einen Arzttermin. – d) Teresita sagt gerade einen
Arzttermin ab. Um Viertel nach eins / dreizehn Uhr
fünfzehn plant Teresita das Wochenende.

Übung C

Das Fenster ist geöffnet. Der Sprachkurs ist gebucht. Die Plätze sind reserviert. Die Nachbarn sind
informiert. – Das Gerät ist ausgeschaltet. Die
Wörter sind angekreuzt. Das Fahrrad ist verkauft.
Der Termin ist bestätigt. – die Leute einladen, den
Termin verschieben, die Fotos abholen – das Licht
ausmachen, das Buch aufmachen / öffnen

Übung D

a) ábsagen, beárbeiten, herúnterdrehen, veschíe-
ben, veréinbaren, áusfüllen, nummeríeren; b) sage
… áb, beárbeite, drehe … herúnter, verschíeb,
veréinbare, füll … áus, nummeríere; c) ábgesagt,
beárbeitet, herúntergedreht, verschóben, veréinbart, áusgefüllt, nummeríert

Übung E

a) ▲ Der Koffer ist gepackt. Aber die Heizung ist
noch nicht heruntergedreht ● Bitte die Heizung
herunterdrehen. ▲ Die Heizung ist heruntergedreht. Aber Goldi ist noch nicht gefüttert. ● Bitte
Goldi füttern. ▲ Goldi ist gefüttert. – b) ● Bitte die
Leute einladen. ▲ Die Leute sind eingeladen. Aber
das Karaokegerät ist noch nicht aufgestellt. ● Bitte
das Karaokegerät aufstellen. ▲ Das Karaokegerät
ist aufgestellt. Aber die CDs sind noch nicht ausgewählt. ● Bitte die CDs auswählen. ▲ Die CDs sind
ausgewählt. Aber die Getränke sind noch nicht
abgeholt. ● Bitte die Getränke abholen. ▲ Die
Getränke sind abgeholt. – c) ● Bitte die Fahrkarte
kaufen. ▲ Die Fahrkarte ist gekauft. Aber das
Hotelzimmer ist noch nicht reserviert. ● Bitte das
Hotelzimmer reservieren. ▲ Das Hotelzimmer ist
reserviert. Aber der Arzttermin ist noch nicht
verschoben. ● Bitte den Arzttermin verschieben.
▲ Der Arzttermin ist verschoben. Aber das Taxi ist
noch nicht bestellt. ● Bitte das Taxi bestellen. ▲ Das
Taxi ist bestellt.

Übung F

a) richtig: 4, 8, 9; falsch oder sieht man nicht
(genau): 1, 2, 3, 5, 6, 7, 10, 11, 12, 13

Übung G

Siehe Transkript

Übung H

Ich hätte gern einen. Der da ist genau richtig. Den
finde ich schön. Der gefällt mir. Den nehme ich,
den oder keinen. Nimmst du auch einen? – Hier
gibt es Schuhe. Ich hätte gern welche. Die da sind
genau richtig. Die finde ich schön. Die gefallen mir.
Die nehme ich, die oder keine. Nimmst du auch
welche? – Hier gibt es Handys. Ich hätte gern eins.
Das da ist genau richtig. Das finde ich schön. Das
gefällt mir. Das nehme ich, das oder keins. Nimmst
du auch eins? – Hier gibt es Schreibtische. Ich hätte
gern einen. Der da ist genau richtig. Den finde ich
schön. Der gefällt mir. Den nehme ich, den oder
keinen. Nimmst du auch einen?

Übung I

b) Da steht ja die Bürola. Warum steht die denn
hier? Informieren Sie doch mal Frau Berg. Ihr Platz
ist doch in Raum 3. – c) Das Licht ist ja aus. Wer hat
denn das Licht ausgemacht? Machen Sie doch mal
an. Es soll doch immer an sein.

Übung J

b) schreiben, geschrieben; c) füllt … aus, fülle …
aus; d) kreuzen … an, angekreuzt; e) gibt … ein,
gebe … ein; f) nummeriert, nummeriert; g) erledige, erledigt

Übung K

b) veréinbart, veréinbart, Veréinbart; c) ábge-
schlossen, schließt … áb, Schließt … áb;
d) aktualisiert, aktualisiert, Aktualisiert; e) beárbeitet, beárbeitet, Beárbeitet; f) vórbereitet,
bereitet … vór, Bereitet … vór; g) ángepinnt, pinnt
… án, Pinnt … an; h) kopiert, kopiert, Kopiert

Übung L

a) 2 nein, 3 nein, 4 ja, 5 ja, 6 nein; – b) 2 Platz 92 ist
besetzt. 3 Platz 92 und Platz 95 sind besetzt. 6 Nein
Platz 91 ist bis Braunschweig besetzt. Platz 92 ist
nur bis Hildesheim frei.

LEKTION 4

Übung A

Aber es gab nicht genug Platz für zwei Koffer. – Aber die Kinder hatten keine Fensterplätze. – Aber die Fahrt war für die Kinder langweilig. – Aber das Hotel hatte keine Mietfahrräder. – Aber es gab keine Erstinformation im Hotel. – Aber die Zimmer waren nicht klein / waren groß. – Aber es gab keinen Regen.

Übung B

1J, 2F, 3A, 4G, 5I, 6C, 7H, 8E, 9D, 10B

Übung C

Harry: Gestern war ich mit Valerie um sieben Uhr am Bahnhof verabredet. Aber bei mir gab es ein Problem. Mein Zug hatte Verspätung und ich hatte mein Handy nicht dabei. Ich war erst um viertel vor acht da. Da war Valerie schon weg. – Ein Bekannter fragt Harry: Warst du gestern mit Valerie um sieben Uhr am Bahnhof verabredet? Gab es bei dir ein Problem? Hatte dein Zug Verspätung und hattest du dein Handy nicht dabei? Warst du erst um viertel vor acht da? War Valerie da schon weg? – Valerie zu Harry: Gestern war ich mit dir um sieben Uhr am Bahnhof verabredet. Aber bei dir gab es ein Problem. Dein Zug hatte Verspätung und du hattest dein Handy nicht dabei. Du warst erst um viertel vor acht da. Da war ich schon weg. – Ein Freund fragt Harry: Du, Harry, warst du gestern mit Valerie um sieben Uhr am Bahnhof verabredet? Gab es bei dir ein Problem? Hatte dein Zug Verspätung und hattest du dein Handy nicht dabei? Warst du erst um viertel vor acht da? War Valerie da schon weg?

Übung D

Siehe Transkript

Übung E

1 Er soll nicht „supercool" sagen. Das findet Frau Dörflinger nicht gut. – 2 Die Frage ist ein Spaß. Er weiß, seine Frau war sehr zufrieden mit dem Urlaub. – 3 Steffi will sagen, sie war allein. – 4 „Er" ist Goldi der Goldfisch. Sie hatte nur einen Goldfisch. Jetzt hat sie zwei. – 5 Er will sagen, seine Mutter kocht genauso gut. Aber er sagt „auch ganz gut". Er findet das Essen im Urlaub etwas besser. – 6 Heiko war oft weg. Steffi hatte keine Freunde zum Spielen. – 7 Man muss viel üben, dann kann man alles lernen.

Übung F

1 B, 2 B, 3 C, 4 B, 5 B, 6 C

Übung G

2 ● Wir hatten ein Freizeitangebot. Und das war ausgezeichnet. Hattet ihr keins? ◆ Doch, es gab eins. Aber das war nicht toll. ■ Bei uns gab es keins. – 3 ● Wir hatten eine Kundeninformation. Und die war ausgezeichnet. Hattet ihr keine? ◆ Doch, es gab eine. Aber die war nicht toll. ■ Bei uns gab es keine. – 4 ● Wir hatten Sprachunterricht. Und der war ausgezeichnet. Hattet ihr keinen? ◆ Doch, es gab welchen. Aber der war nicht toll. ■ Bei uns gab es keinen. – 6 ● Wir hatten Gruppenspiele. Und die waren ausgezeichnet. Hattet ihr keine? ◆ Doch, es gab welche. Aber die waren nicht toll. ■ Bei uns gab es keine.

Übung H

2 Waren sie denn nicht einfach? Waren sie denn kompliziert? – 3 Waren sie denn nicht ausgeschaltet? Waren sie denn eingeschaltet? – 4 War sie denn nicht kurz? War sie denn (zu) lang? – 5 Waren sie denn nicht geschlossen? Waren sie denn offen / geöffnet? – 6 Waren sie denn nicht in Ordnung? Waren sie denn kaputt?

Übung I

2 Der Vortrag war gut. – 3 Der Ausflug war super. – 4 Die Betriebsbesichtigung war schlecht. – 5 Das Essen war nicht so gut. – 6 Die Gruppenarbeit war mittelmäßig. – 7 Die Arbeitsgruppe war gut. – 8 Das Gerät war super.

Übung J

Der Wochenbericht ist geschrieben. Xmega ist noch nicht installiert. Der Testlauf ist noch nicht gemacht. Die Fahrkarte nach Genf ist gekauft. Frau Keil ist eingeladen. Das Hotelzimmer ist noch nicht reserviert. Gladys Thurau ist noch nicht verständigt. Der Termin mit Myriam ist abgesagt. Der Kurs Xweb ist noch nicht gebucht. Die Evaluierung ist noch nicht ausgefüllt.

Übung K

a) B, b) A, c) B, d)A, e) A, f) B, g) B, h) B, i) B, j) A

Übung L

a) Die Arbeiten waren gestern Abend leider immer noch nicht erledigt. Gestern Abend waren die Arbeiten leider immer noch nicht erledigt. Erledigt waren die Arbeiten gestern Abend leider immer noch nicht. Waren die Arbeiten gestern Abend immer noch nicht erledigt? – b) Wahrscheinlich ist der Wagen bis Dienstag noch nicht repariert. Bis Dienstag ist der Wagen wahrscheinlich noch nicht repariert. Repariert ist der Wagen bis Dienstag wahrscheinlich noch nicht. Ist der Wagen bis Dienstag noch nicht repariert? – c) Vielleicht war das Gerät die ganze Zeit eingeschaltet. Die ganze Zeit war das Gerät vielleicht eingeschaltet. Eingeschaltet war das Gerät vielleicht die ganze Zeit. War das Gerät die ganze Zeit eingeschaltet?

Übung M

wenig, kurz, schlecht, interessant, schwer / schwierig, groß, klein, genug, gut, aufmerksam

Übung N

Siehe Transkript

Alltag, Beruf & Co. 2, Lehrerhandbuch, ISBN 978-3-19-241590-6, © Hueber Verlag 2010

LEKTION 5

Übung A

1 schlecht geschlafen, Schmerzen; 2 nicht gut, schlecht, übel; 3 gesund, krank, müde

Übung B

a) A-3, B-4, C-1, D-5, E-2; b) A-4, B-3, C-5, D-1, E-2

Übung C

1 J, 2 B, 3 L, 4 I, 5 E, 6 G, 7 C, 8 K, 9 H, 10 F, 11 A, 12 D

Übung D

a) 2 … angerufen. – 3 Ich habe schon einen Termin vereinbart. – 4 Ich habe die Medikamente schon geholt. – 5 Ich habe schon eine Tablette genommen. – 6 Ich habe schon etwas gegessen. – 7 Ich habe schon eine Pause gemacht. b) 2 … hat angerufen – 3 vereinbaren: vereinbart, hat vereinbart – 4 holen: holt, hat geholt – 5 nehmen: nimmt, hat genommen – 6 essen: isst, hat gegessen – 7 machen: macht, hat gemacht

Übung E

1 Wie schläfst du? – Nicht gut. – Hast du viel gearbeitet? – Ja, und meine Hand ist verletzt. – Das tut mir leid. Warst du beim Arzt? – Ja, er sagt, ich bin bald wieder gesund. 2 Gestern habe ich meine Arbeit erledigt. Ich hatte tausend Dinge zu machen. Dann war ich mit dem Fahrrad in der Stadt. Auf der Bank habe ich Geld geholt. Ich habe im Supermarkt Apfelsaft, Jogurt und Obst gekauft. Ein Hemd habe ich auch gekauft. Am Abend hat mich mein Freund besucht. Er kommt aus Russland.

Übung F

a) Ich habe dort einen Kunden getroffen. Ich habe den Zug um 9.00 Uhr genommen. In Kiel habe ich den Auftrag besprochen. Das hat bis zum Abend gedauert. Deshalb habe ich in Kiel geschlafen. Ich habe mit meinem Freund Walter zu Abend gegessen. Am Morgen habe ich noch ein paar Einkäufe gemacht. Gegen Mittag war ich wieder im Büro.
b) Stefan hat einen Termin in Kiel vereinbart. Er hat dort einen Kunden getroffen. Er hat den Zug um 9.00 Uhr genommen. In Kiel hat er den Auftrag besprochen. Das hat bis zum Abend gedauert. Deshalb hat er in Kiel geschlafen. Er hat mit seinem Freund Walter zu Abend gegessen. Am Morgen hat er noch ein paar Einkäufe gemacht. Gegen Mittag war er wieder im Büro.

Übung H

b) Ich habe etwas Falsches gegessen. Jetzt ist mir übel. – Trink einen Tee. – c) Ich habe keine warme Kleidung mitgenommen. Jetzt ist mir kalt. – Kauf einen Pullover. – d) Ich habe zu viel gegessen. Jetzt habe ich Bauchschmerzen. – Nimm eine Tablette. – e) Ich habe zu viele Termine übernommen. Jetzt habe ich keine Zeit. – Delegier(e) einige Termine. – f) Ich habe zu spät angefangen. Jetzt habe ich wenig Zeit. – Arbeite am Wochenende. – g) Ich habe die Arbeit schlecht geplant. Jetzt kann ich die Termine nicht einhalten. – Rede mit dem Chef.

Übung I

b) Da habe ich einige Unterlagen geholt. c) Dann bin ich ins Kundenzentrum zurückgegangen. d) Auf der Treppe hat ein Aktenkoffer gestanden. e) Ich habe den Koffer nicht gesehen. f) Ich bin über den Koffer gestolpert.

Übung J

a) N, b) J, c) N, d) J, e) J, f) N, g) J

Übung L

hat … gearbeitet, war, ist … runtergegangen, ist … ausgerutscht, ist … runtergefallen, hat … getan, ist … gegangen, hat … untersucht, gebrochen, hat überwiesen

Übung M

a) 2 Kunde heute, 3 anderen Kunden besucht, 4 Kunden Krause gesprochen, 5 Kunden in Leipzig; b) 1 ein Praktikant, 2 den Praktikanten, 3 dem Praktikanten; c) 1 wartet der Patient auf den Arzt, 2 den Patienten zum Chirurgen, 3 dem Patienten Tabletten.

Übung N

a) ge…(e)t: arbeiten, holen, öffnen – …ge…(e)t: einstellen, ankreuzen – …t: verletzen, kopieren – ge…en: gehen, brechen, bleiben, essen – …ge…en: ankommen, herunterfallen, einsteigen – …en: unterstreichen, entladen – b) Siehe Lösungsbeispiel im Kursbuch.

Lösungen Übungen

LEKTION 6

Übung A

der Herd
die Küche
die Tür
der Stuhl
das Fenster
der Tisch
der Sessel
das Wohnzimmer
das Sofa

die Dusche
das Bad
die Toilette
der Kühlschrank
die Diele
das Schlafzimmer
der Schrank
das Bett

Übung B

1A, 2C, 3B/C, 4 B, 5A, 6C, 7B/C, 8B, 9A

Übung C

a) A kommt / gehört 2h – B kommt / gehört 3j – C kommt / gehört 2m – D kommen / gehören 1l – E kommt / gehört 2b – F kommen / gehören 1a / 2b – G kommt / gehört 3e – H kommt / gehört 2k – I kommt / gehört 2c / 3j – J kommt / gehört 3i – K kommen / gehören 1f – L kommen / gehören 1d – M kommt / gehört 3g

Übung D

a) Lösungsbeispiele: Wohin sollen wir die Cola tun? Legt / Stellt / Tut sie bitte in den Kühlschrank – Wohin sollen wir die Stühle tun? Stellt sie bitte an den Tisch. – Wohin sollen wir das Paket tun? Legt es bitte auf den Boden. – Wohin tun wir das Bild? Hängt es bitte an die Wand. – Wohin tun wir die Stehlampe? Stellt sie bitte zwischen das Regal und den Schrank. – Wohin tun wir die Blume? Stellt Sie bitte neben den Schrank.

Übung E

a) dürfen, können / dürfen, müssen; b) muss, darf, dürfen, können / dürfen; c) dürfen / können, dürfen, müssen, dürfen, müssen; d) musst, darfst; e) dürft, könnt / müsst, könnt / dürft

Übung F

b) in die Teeküche gebracht; c) unter den Schreibtisch gerollt; d) in das Regal hinten gelegt; e) ins Möbellager gebracht; f) ist nicht mehr da.

Übung G

1-E; 2-D, 3-C, 4-B, 5-A, 6-G, 7-H, 8-F

Übung H

a) 2 unter den; 3 in die … vorn; 4 zwischen das, auf den; 5 über den, unter die; 6 hinten; 7 Vor den; 8 neben den – b) 2 Wir haben den Teppich unter den Schreibtisch gelegt. 3 Wir haben das Regal in die Ecke vorn links gestellt. 4 Wir haben den Rechner zwischen das Regal und den Schreibtisch auf den Boden gestellt. 5 Wir haben die Lampe über den Schreibtisch gehängt. Wir haben den Schreibtisch also direkt unter die Lampe gestellt. 6 Wir haben eine Blume auf den Schrank hinten rechts gestellt. 7 Wir haben den Bürostuhl vor den Schreibtisch gestellt. 8 Wir haben einen Besucherstuhl rechts neben den Schreibtisch gestellt.

Übung I

a) langes e: 4, 5, 8, 11; langes ä: 2, 10; e / ä kurz: 1, 3, 6, 7, 9

Übung J

der: 3, 6, 10, 19, 25, 26; das: 7, 11, 14, 16, 18, 24, 30; die: 1, 2, 4, 5, 8, 9, 12, 13, 15, 17, 20, 21, 22, 23, 27, 28, 29

Übung K

¹V	E	R	²B		³M	A	N	N		⁴K	⁵K		⁶I
A			A		I					A	A		S
S			⁷D	I	E	L	E		⁸W	U	R	S	T
⁹E	I				¹⁰T	O	I	L	E	T	T	E	
	¹¹B	¹²L	U	¹³M	E		¹⁴R	A	V	I	O	L	I
¹⁵M		A		U					¹⁶S	O	F	A	
I		¹⁷M	U	S	E	U	M			N	F		¹⁸O
¹⁹T	E	P	P	I	C	H			²⁰G		²¹E	L	F
T		²²E	C	K	E		²³S	T	U	H	L		T
E					²⁴K	A	N	T	I	N	E		

Alltag, Beruf & Co. 2 Lehrerhandbuch, ISBN 978-3-19-241590-6 © Hueber Verlag 2010

LEKTION 7

Übung A
1C; 2D / E; 3A; 4B; 5F; 6D / E

Übung B
a) aus ganz Deutschland; b) früh am Morgen; c) die standesamtliche Trauung; d) auf dem Standesamt; e) in die Kirche / zur Kirche; f) in der Kirche; g) rechts neben der Braut; h) im Garten / vor dem Haus; i) auf dem Tisch / auf den Tischen; j) auf einen Tisch

Übung C
a) mal; b) denn; c) ja / doch; d) ja; e) denn; f) doch / ja; g) mal; h) mal; i) denn; j) ja

Übung D
b) woher ich das weiß; c) wo du jetzt wohnst; d) wer alles zugesagt hat; e) wie viele von der Gruppe (zu der Feier) kommen; f) was sie mit einem Kinderanhänger machen können; g) wieso sie bald einen Kinderanhänger brauchen; h) ab wann sie zu dritt sind; i) wie die Planung ist; j) ob die beiden richtig heiraten oder ob das nur so eine Feier ist; k) ob wir Lust auf einen Polterabend kriegen

Übung F
neu: einfach unterstrichen;
bekannt: <u>doppelt unterstrichen</u>

Die Hochzeitsfeier hat drei Tage gedauert, aber ich bin erst am zweiten Tag gekommen. Da war der Polterabend schon vorbei (aus dem Text) und die Scherben waren schon im Container (Text und Bild 1). Carolin ist ins Standesamt in einem dunklen Hosenanzug gekommen. (Bild 9) In der Hand hatte sie rote Rosen. (Bild 9) Das hat sehr gut gepasst. Beim Hochzeitsessen waren wir 65 Leute. Ich habe sie gezählt. Zwei Männer haben zu viel getrunken und beim Essen laut gesungen. (Text)

Die Fahrradgruppe hat sehr schön gesungen. (Dialog und Übung K) Tanja und Hans sind mit dem Tandem ein paar Meter gefahren. Ein Blumenkind hat hinten im Anhänger gesessen. Tanja hatte kein Brautkleid. Sie ist mit Hose und Blazer zum Standesamt gegangen. Die Hochzeit war nicht so elegant, aber sehr lustig (Einladung rechts). Es gab für jeden ein Zimmer im Hotel Krone. Aber die Gäste sind erst in den frühen Morgenstunden für ein paar Stunden ins Bett gekommen. (Aber das kann man sich denken.)

Übung G
sage; erklären; lernen … kennen; fragen; stelle … vor; hilft; zuhören; gesprochen; gefragt; zeigen; fragen; gegeben

Übung H
a) es, ihm, ihm, ihn, ihn, ihn, ihm, Sie, Er, ihr, sie, ihnen, sein, Sie, ihrem – b) Ich, sie, sie, ihnen, sie, Ich, sie, ihrem, es, ihnen, Sie, mir, ihnen, sie

Übung I
a) Zuerst er sie vor und sie dankt ihm. Dann stellt sie ihn vor und er dankt ihr. – b) Zuerst fragen Sie uns und wir geben Ihnen Auskunft. Dann fragen wir Sie und Sie geben uns Auskunft. – c) Zuerst komme ich zu euch die Bürola. Dann kommt ihr zu mir und zeigt mir die XR 312. Okay?

Übung J
a) 1 Vier – können – hier – zu – ihr – sie – wie so – da – die – nichts
b) Wir – kennen – vier – sehr – dir – die – wie so – das – die – nicht
c) Wir – können – vier – zu – ihr – die – wieso – da – sie – nichts
d) B, C, A

Lösungen Übungen

LEKTION 8

Übung A

A6: Sie gehören in die Brieftasche. Wir müssen sie in die Brieftasche stecken. Sie müssen in der Brieftasche stecken. – B2: Er gehört in den Kofferraum. Er muss im Kofferraum stehen. – C1: Sie gehört an die Garderobe. Wir müssen sie an die Garderobe hängen. Sie muss an der Garderobe hängen. – D3: Sie gehören ins Regal. Wir müssen sie ins Regal stellen. Sie müssen im Regal stehen. – E5: Es gehört auf den Rücksitz. Wir müssen es auf den Rücksitz setzen. Es muss auf dem Rücksitz sitzen. – F4: Er gehört / muss auf seine Decke. Wir müssen ihn auf seine Decke setzen. Er muss auf seiner Decke sitzen.

Übung B

Corinna: Zu Beginn habe ich neben meinem Vater auf dem Beifahrersitz gesessen. Hinter mir auf dem Kindersitz hat Hannibal auf seiner Hundedecke gelegen. Mein Vater hat den Hund hinter den Rücksitz gesetzt. Dann hat er mich auf den Kindersitz gesetzt. Das hat komisch ausgesehen: Hannibal hinter mir und ich auf Hannibals Hundedecke auf dem Kindersitz.

Hannibal: Zu Beginn hat Corinna neben meinem Herrchen auf dem Beifahrersitz gesessen. Hinter ihm auf dem Kindersitz habe ich auf meiner Hunderdecke gelegen. Mein Herrchen hat mich hinter den Rücksitz gesetzt. Dann hat er das Kind auf den Kindersitz gesetzt. Das hat komisch ausgesehen: Ich hinter Corinna und das Kind auf meiner Hundedecke auf dem Kindersitz.

Übung D

a) den, die, die, die, der, der, die, der, den, ins, er, ins, er, meinem

b) hängt, gehört, hängen, liegen, müssen, steht, stell

Übung E

a) 6 stehen; 8 stehe; 7 stecken; 3 steht; 4 stecke; 1 stelle; 2 steckt; 5 stell; 9 stellt; 10 gestanden

b) Siehe Transkript

Übung F

a) • Die Flasche steht auf dem Tisch. ▲ Was? Du hast sie auf den Tisch gestellt? Die gehört nicht auf den Tisch! • Die kann doch auf dem Tisch stehen. – • Der Hund sitzt auf dem Beifahrersitz. ▲ Was? Du hast den Hund auf den Beifahrersitz gesetzt? Der gehört nicht auf den Beifahrersitz. • Der kann doch auf dem Beifahrersitz sitzen. – • Das Bild steht hinter dem Schrank. ▲ Was? Du hast das Bild hinter den Schrank gestellt? Das gehört nicht hinter den Schrank. • Das kann doch hinter dem Schrank stehen.

b) • Die Papiere liegen nicht mehr auf dem Tisch. ▲ Sie haben aber auf dem Tisch gelegen. Leg sie bitte wieder auf den Tisch. – • Die Bücher stehen nicht mehr im Regal. ▲ Sie haben aber im Regal gestanden. Stell sie bitte wieder ins Regal. – • Der Zettel hängt nicht mehr am Computer. ▲ Er hat aber am Computer gehangen. Häng ihn bitte wieder an den Computer.

Übung H

a) B4f; C1c; D4f; E3i; F2 / 4b; G4g / G1a; H2 / 4d; I3e

Formulierungsbeispiel: Biomüll gehört in die braune Tonne.

Übung I

a) A, B / B, C – b) A, B / A, B – c) B, C / A, C – d) B, C / A, B – e) A, B / B, C – f) B, C / A, B – g) A, C / B, C – h) B, C / A, B

Übung K

1 ihr; 2 ihm; 3 ihnen; 4 dir; 5 ihr; 6 ihnen; 7 Ihnen; 8 mir

Übung L

1 Abfall; 2 zur; 3 Ecke; 4 Batterie; 5 bringt; 6 Tetrapak; 7 lacht; 8 Metalle, du; 9 einfachen; 10 Hannibal, nie, Hand; 11 verkaufen; 12 Wert; 13 hoch, er; 14 zeigst, Haare; 15 sucht, den, trägt; 16 Werk, Hund

LEKTION 9

Übung A

a) ● Gehört dir diese runde sportliche Uhr? ▲ Ja, die gehört mir. Runde sportliche Uhren gefallen mir. Hast du nicht auch eine runde sportliche Uhr? – ● Gehören dir diese neuen hellgrauen Möbel? ▲ Ja, die gehören mir. Neue hellgraue Möbel gefallen mir. Hast du nicht auch neue hellgraue Möbel? – ● Gehört dir dieses alte bequeme Fahrrad? ▲ Ja, das gehört mir. Alte bequeme Fahrräder gefallen mir. Hast du nicht auch ein altes bequemes Fahrrad? – ▲ Ja, das gehört mir. Kleine lustige Bücher gefallen mir. Hast du nicht auch ein kleines lustiges Buch?

b) ● Gehört dir dieses dunkle Sakko? ▲ Nein, das gehört mir nicht. Dunkle Sakkos sind nichts für mich. Hast du ein dunkles Sakko? – ● Gehören dir diese sportlichen Schuhe? ▲ Nein, die gehören mir nicht. Sportliche Schuhe sind nichts für mich. Hast du sportliche Schuhe? – ● Gehört dir dieser exklusive weiße Schreibtisch? ▲ Nein, der gehört mir nicht. Exklusive weiße Schreibtische sind nichts für mich. Hast du einen exklusiven weißen Schreibtisch? – ● Gehört dir dieser große braune Koffer? ▲ Nein, der gehört mir nicht. Große braune Koffer sind nichts für mich. Hast du einen großen braunen Koffer?

Übung B

Siehe Transkript

Übung C

a) Welcher, Welchen, Welche, welchem – b) Diese, Dieser, diesen, diesen, diesem – c) dunkelgrünen, dunkelgrünen, dunkelgrüner, dunkelblauer, dunkelblaue – d) automatische, automatische, automatischen, gute, gutes, automatischen

Übung D

b) ● Ich vermisse meinen Schlüssel. Hast du hier einen Schlüssel gesehen? ▲ Dahinten steckt einer. Vielleicht ist dieser Schlüssel deiner. – c) ● Rudi vermisst seine Jacke. Hast du hier eine Jacke gesehen? ▲ Dahinten hängt eine. Vielleicht ist diese Jacke seine. – d) ● Wir vermissen unser Arbeitsmaterial. Hast du hier Arbeitsmaterial gesehen? ▲ Dahinten liegt welches. Vielleicht ist dieses Arbeitsmaterial eures. – e) ● Mehrere Leute vermissen ihre Wanderstöcke. Hast du hier Wanderstöcke gesehen? ▲ Dahinten stehen welche. Vielleicht sind diese Wanderstöcke ihre.

Übung E

Dora vermisst ihren langen dunklen Wintermantel. Der Mantel ist weg. An der Garderobe hängt ein Mantel. Der Mantel gefällt ihr. Der Mantel gehört ihr aber nicht. Ihr Mantel hat viel Geld gekostet. Um drei Uhr hatte sie den Mantel noch. Aber sie hat vergessen, wohin sie den Mantel gehängt hat.

An der Rezeption sagt Dora, sie kann ihren langen dunklen Wintermantel nicht mehr finden. Die Dame an der Rezeption fragt: „Ist der Mantel dunkelblau oder dunkelgrau?"

Übung F

Malvine hat eine neue Software installiert. Die alte Software war nicht gut. Aber mit der neuen Software ist sie auch unzufrieden. Die neue Software ist auch nicht gut. Eine neue Software ist nicht immer gut. – Wir haben ein neues Navi gekauft. Das alte Navi war nicht gut. Aber mit dem neuen Navi sind wir auch unzufrieden. Das neue Navi ist auch nicht gut. Ein neues Navi ist nicht immer gut. – Ramona hat vier neue Mitarbeiter für ihre Arbeitsgruppe gesucht. Die alten Mitarbeiter waren nicht gut. Aber mit den neuen Mitarbeitern ist sie auch unzufrieden. Die neuen Mitarbeiter sind auch nicht gut. Neue Mitarbeiter sind nicht immer gut.

Übung G

a) 5, 11; b) 2, 7; c) 6, 9; d) 1, 10; e) 4, 12; f) 3, 8

Übung H

b) Gut, aber lassen Sie ihn da nicht wieder stecken. Gestern haben Sie ihn stecken lassen. c) Gut, aber lassen Sie ihn da nicht wieder stehen. Gestern haben Sie ihn stehen lassen. d) Gut, aber lassen Sie sie da nicht wieder liegen. Gestern haben Sie sie liegen lassen. e) Gut, aber lassen Sie es da nicht wieder hängen. Gestern haben Sie es hängen lassen. f) Gut, aber lassen Sie sie da nicht wieder liegen. Gestern haben Sie sie liegen lassen.

Übung I

a) / b) Der Gruppenarbeitsraum / Die Angebote ist / sind immer noch nicht aufgeräumt / geprüft. Herr Jemand muss ihn / sie heute noch aufräumen / prüfen. Frau Irgendwer kann ihn / sie auch aufräumen / prüfen. Herr und Frau Jeder denken: Natürlich können wir ihn / sie aufräumen / prüfen. Aber wir räumen ihn immer auf / prüfen sie immer. Diesmal soll ihn / sie Frau Anderer aufräumen / prüfen. Sie hat ihn / sie noch nie aufgeräumt / geprüft. Irgendwie können, sollen, müssen oder wollen ihn / sie alle aufräumen / prüfen. Aber sie räumen ihn nicht auf / prüfen sie nicht. Niemand räumt ihn auf / prüft sie.

Übung J

Siehe Transkript

Übung K

a) 2 Sicherheitskleidung; 3 Tee; 4 Regenschirme; 5 Schutzbrillen; 6 Unterlagen

▲ b) 2 ▲ Gibt es hier Kopfhörer? ● Hier sind welche. Die sind für Sie. ■ Ich brauche auch welche. ● Für Sie habe ich aber keine. – 3 ▲ Gibt es hier Werkzeug? ● Hier ist welches. Das ist für Sie. ■ Ich brauche auch welches. • Für Sie habe ich aber keins. – 4 ▲ Gibt es hier Medikamente? • Hier sind welche. Die sind für Sie. ■ Ich brauche auch welche. • Für Sie habe ich aber keine.

Übung L

A-2, B-11, C-4; D-7, E-5, F-9, G-3, H-10, I8, J-6, K-1

Übung M

a) fünf vor sieben; b) eine Person; c) um sechs Uhr; d) bis halb sieben; e) um vier Uhr; f) mit einem Herrn; g) Er spricht mit niemand. h) den Namen: Konrad Späth. Wahrscheinlich will er mit Herrn Weiland sprechen.

LEKTION 10

Übung A

a) Morgen Abend will ich meinen Geburtstag feiern. Ich erwarte euch 19.00 Uhr im Restaurant „Altes Brauhaus". – b) In 14 Tagen wollen wir das Dienstjubiläum von Frau Kaiser feiern. Wir erwarten Sie am Mittwoch, 14.07., nach Feierabend ab 17.00 Uhr in der Kantine. c) Am Wochenende wollen wir den Projektabschluss im Stadtpark feiern. Wir erwarten euch am Samstagnachmittag ab 15.00 Uhr.

Übung B

Seine Kollegin weiß nicht, wer die Radler sind. – Sigmund erklärt ihr, wer die Leute sind. – Jetzt weiß Monika, wer die Leute sind und was sie in Lindau (machen) wollen. – Sie möchte wissen, wann sie kommen. – Sigmund sagt ihr, wann sie kommen. – Monika weiß noch nicht, ob sie Zeit hat und ob es geht.

Übung C

a) R, b) F, c) R, d) R, e) F, f) F, g) R, h) R, i) F

Übung D

a) vor: einer Stunde, zehn Jahren; in: einer Stunde, der nächsten Woche, zehn Jahren; seit: einer Stunde, 12.00 Uhr, gestern, zehn Jahren; ab: 12.00 Uhr, morgen, nächster Woche; von … bis: 8.00 … 10.00 Uhr, Montag … Mittwoch, vorgestern … heute

Übung E

a) 1 D, G; J; 2 C, I; 3 B, K; 4 A, L; 5 E, F, G, H; 6 E, F, G, H

b) … Also ab acht, vor zwei Stunden, seit acht Uhr, in zwei Stunden, von acht bis zehn, am Vormittag, erst nach 10.00 Uhr.

Übung F

… die Reise gebucht. In zwei Wochen fahren wir los. – Seit langer Zeit wollen wir euch besuchen. Vor drei Tagen haben wir Fahrkarten gekauft. In einer Stunde kommen wir an. – Seit einigen Monaten wollen wir ein Auto kaufen. Vor zwei Stunden haben wir eins gefunden. In einer Woche holen wir es ab.

Übung G

a) A3, B1, C4, D5, E2

b) 1 Seit zwei Wochen. 2 Aus Brasilien. 3 In Graz. 4 Am Goethe-Institut in Sao Paulo. 5 Ja. meine Familie kommt auch bald nach Österreich.

Übung H

2 wann Sie Ihr erstes Kind erwarten? In vier Wochen. – 3 welches Hobby Sie haben? Ich fahre gern Rad. – 4 Was machen Sie beruflich? Ich arbeite in meiner Heimatstadt in der Verkehrsplanung. – 5 Kommen Sie auch aus Köln? Wir kommen aus der Nähe von Köln.

Übung I

▲ Kennen Sie Wien? • Leider nicht. Sind Sie Wiener? ▲ Nein. Ich komme aus Hamburg. • Ach, wirklich? Ich komme auch aus Hamburg. ▲ Wohnen Sie noch in Hamburg? • Nein, ich habe dort bis 1992 studiert. ▲ Darf ich fragen, was Sie studiert haben? • Maschinenbau. Nach dem Studium bin ich nach Stuttgart gegangen. ▲ Und was machen Sie da? • Ich arbeite als Entwicklungsingenieur. Und was machen Sie? ▲ Ich bin Informatiker von Beruf.

Übung K

a) 2 Er hat seinen Schlüssel gefunden. 3 Habt ihr seinen (euren) Schlüssel gefunden? 4 Hat er sein Buch gefunden? 5 Wir haben sein (unser) Buch gefunden. 6 Ihr habt eure (seine) Bücher gefunden. 7 Ich habe meine (seine, eure) Bücher gelesen. 8 Er hat seine (meine, eure) Bücher gelesen. 9 Er hat seine Übung gemacht. 10 Haben Sie Ihre Übung gemacht?

b) 2 Er spricht mit seinem Kollegen. 3 Wir sprechen mit seinen (unseren) Kollegen. 4 Ich arbeite mit seinen (meinen) Kollegen. 5 Ich arbeite mit seinem (meinem) PC. 6 Arbeitet ihr mit seinem (eurem) PC? 7 Wer arbeitet mit seinem (eurem) PC? 8 Sie arbeitet / arbeiten mit seinem (eurem, ihrem) PC.

Übung M

er, der, einen – Sein – den – ein, Sie, meinem – meiner – mir – Ihnen – meiner – einen, den – mir – der

Übung N

a) unseren / Ihren; b) dein, c) mein, Ihr; d) unser, unsere, unseren; e) eure; f) Ihren, Ihr; g) ihre

Test 1

Hören	Lesen	Grammatik	Schreiben (Beispiel)	Wortschatz
1 richtig	1 A	a) 1 A Bitte schalten Sie das Gerät ein.	…, ich möchte Sie bei SyncronTec begrüßen und herzlich willkommen heißen. Mein Name ist … Ich bin … Meine Mitarbeiterin, Frau …, ist für Ihre Betreuung zuständig. Wir wünschen Ihnen einen interessanten Tag bei uns.	a) 1 F
2 falsch	2 A	B Sie müssen das Gerät einschalten.		2 B
3 falsch	3 B	2 A Bitte unterstreicht das Wort.		3 A
4 falsch	4 B	B Ihr müsst das Wort unterstreichen.		4 D
5 richtig	5 A	3 A Bitte, nimm noch ein Stück Kuchen.		5 C
6 richtig	6 B	B Du musst noch ein Stück Kuchen nehmen.		b) 1 B
7 falsch	7 A			2 A
8 falsch	8 B	b) 1 keins, 2 eins, 3 welche, 4 einen		3 C
9 richtig				4 A
10 richtig				5 B

Test 2

Hören	Lesen	Grammatik	Schreiben (Beispiel)	Wortschatz
1 A	1 Im Reisebüro Besttravel	1 warst	Ich war vom … bis zum in Prag. Da hatte ich Montagearbeiten bei Prahamedia zu machen und ich hatte Gespräche über einen Gerätekauf. Die Gespräche sind erledigt. Die Arbeiten sind noch nicht ganz fertig. Jetzt muss ich das Angebot an Prahamedia schreiben.	a) 1 schlecht
2 C	2 Ja	2 gab		2 einfach
3 B	3 Die Infomappen zusammenstellen	3 hatten		3 unhöflich
4 C	4 Ja	4 ausgeschaltet		4 langweilig
5 A	5 Am 18.09. um 10.00 Uhr	5 gepackt		5 leicht
6 C	6 Nein	6 geschlossen		b) 1 A
7 C	7 Die Gespräche in Prag	7 bestellt		2 F
8 B	8 Zimmerreservierung, Rückflugbestätigung	8 kopiert		3 E
9 B		9 einer		4 B
10 A		10 welches		5 D

Test 3

Hören	Lesen	Grammatik	Schreiben (Lösungsbeispiel)	Wortschatz
1 A	1 B	1 B	… in die Mitte / auf den Teppich gestellt. Die Stühle habe ich an / vor / neben den Tisch gestellt. Ich habe das Regal in die Ecke (links) gestellt. Ich habe einen Sessel vor das Regal gestellt. Den Schrank habe ich hinten an die Wand / links neben das Fenster gestellt. Die Stehlampe habe ich vorn rechts / rechts neben die Tür in die Ecke gestellt.	1 schlecht / nicht gut
2 C	2 A	2 A		2 gesund
3 B	3 A	3 D		3 fehlt
4 C	4 C	4 C		4 Fieber
5 A	5 B	5 A		5 nehmen
6 C	6 C	6 C		6 tut … weh
7 B	7 A	7 D		7 untersucht
8 B	8 B	8 C		8 verordnet.
	9 C	9 A		9 krankgeschrieben
	10 B	10 B		10 überwiesen

Test 4

Hören	Lesen	Grammatik	Schreiben	Wortschatz
1 A	1 F	1 wie hoch unser Umsatz ist.	… häng es an die Wand. Der Schlüssel steckt in der Tür. Bitte leg ihn auf den Schreibtisch. Die Bücher liegen auf dem Schreibtisch. Bitte stell sie ins Regal.	1 T, V
2 B	2 R	2 ob ich morgen kommen kann.		2 Q, U
3 B	3 R	3 Wir haben in Spanien Urlaub		3 H, K
4 C	4 R	gemacht.		4 F, J
5 A	5 F	4 Vorgestern hat Hans seinen		5 B, S
6 C	6 R	Freund getroffen.		6 N, P
7 A	7 F	5 mir – 6 dir – 7 sie – 8 dich –		7 A, I
8 B	8 R	9 ihm – 10 es		8 E, M
9 B	9 F			9 O, R
10 C	10 F			10 C, L

Test 5

Hören	Lesen	Grammatik	Schreiben (Lösungsbeispiel)	Wortschatz
1B – 2C – 3D – 4H – 5A – 6G – 7D – 8E – 9I – 10J – 11F – 12G – 13D – 14E – 15K	1 B 2 – 3 A 4 B 5 – 6 B 7 – 8 A 9 B 10 A	a) 1 vor – 2 Seit – 3 Ab – 4 in – 5 Bis b) 1 en 2 e 3 er 4 e 5 em 6 es 7 en 8 es 9 e 10 en	Liebe / Lieber …, letzten Montag habe ich euch besucht. Da habe ich meine Jacke bei euch hängen lassen. Sie ist dunkelbraun und ziemlich neu. Ich glaube, sie hängt an eurer Garderobe. Könnt ihr mal nachsehen und sie mir schicken? Vielen Dank. Euer / Eure …	a) 1 Gabel 2 Batterie 3 Schrank 4 Möbel 5 Rucksack 6 Gepäck 7 Koffer 8 Herd 9 Kofferraum 10 Löffel b) 1 F 2 A 3 E 4 D 5 C

Kursbuch Seite 106–110

TRANSKRIPT

Teil 1

Dialog 1
- ● Unser Fahrtziel ist …
- ▲ München, Schleißheimer Straße. Ist das Gerät eingeschaltet?
- ● Ja, alles klar, das Programm ist auch aufgerufen.
- ▲ Dann kannst du jetzt das Ziel eingeben. Als Erstes musst du auf Menüpunkt Ort tippen.
- ● Hab' ich gemacht. Jetzt die Straße eingeben, … okay, alles klar. Es kann losgehen.

Dialog 2
- ● Den Schreibtisch stellen wir an die Wand links. Danbeben ist noch Platz für den PC.
- ● Und was machen wir mit den Sesseln?
- ▲ Die gehören nicht in dieses Zimmer. Die kommen ins Wohnzimmer.
- ● Gut, aber hier brauchen wir noch Platz für das Bücherregal.
- ▲ Kein Problem, das stellen wir zwischen die Fenster.

Dialog 3
- ● Ich möchte um 16.00 Uhr in Berlin sein.
- ▲ Da können Sie den ICE um 9.32 Uhr nehmen. Dann sind Sie um 10.50 Uhr in Frankfurt. Da steigen Sie um. Um 11.06 Uhr geht es dann weiter über Kassel nach Berlin, Ankunft um 15.22 Uhr.
- ● Gibt es keine direkte Verbindung?
- ▲ Um die Zeit leider nicht.

Dialog 4
- ● Robert, was ist los mit dir? Möchtest du nichts essen?
- ▲ Nein, danke. Ich habe keinen Appetit.
- ● Geht es dir nicht gut?
- ▲ Mir ist übel. Ich habe schon seit gestern nichts gegessen. Mir tut der Bauch weh.
- ● Möchtest du einen Tee?
- ▲ Ja. Vielleicht hilft das. Und eine Wärmflasche auf den Bauch.

Dialog 5
- ● Am Wochenende wandern wir oft. Machen Sie das auch gern?
- ▲ Ja, manchmal, aber nicht oft. Das finde ich langweilig. Ich spiele lieber …
- ● … Tennis?? Ich auch!
- ▲ Nein, nicht Tennis. Ich spiele seit 15 Jahren Fußball. Jedes Wochenende hat unsere Mannschaft ein Spiel.
- ▲

Dialog 6
- ● Tag, Frau Wagner. Wir sind an Ihrem Angebot interessiert. Können Sie zu uns kommen und eine Präsentation machen?
- ▲ Warten Sie, heute ist Mittwoch … Sie haben Glück, gleich morgen geht es.
- ● Morgen … Das ist schlecht, da geht es bei uns nicht. Aber übermorgen ist es möglich.
- ▲ Tut mir leid. Da habe ich andere Termine.
- ● Und nächste Woche, zum Beispiel Dienstag Vormittag?
- ▲ In Ordnung. Das geht.

Teil 2

Ansage 7
Meine Damen und Herren, ich begrüße Sie zum Nachmittagsprogramm und möchte Ihnen Herrn Professor Klages vorstellen. Herr Klages ist Professor für Verkehrstechnik und Verkehrsmanagement an der Technischen Universität Berlin. Er spricht heute Nachmittag zum Thema „Steuerungssysteme und Steuerungsprobleme".

Ansage 8
Achtung, Autofahrer auf der Autobahn A 81 Richtung Stuttgart. Zwischen den Ausfahrten Herrenberg und Sindelfingen liegen Kartons auf der Fahrbahn. Bitte fahren Sie langsam und warnen Sie andere Verkehrsteilnehmer. Ich wiederhole: Kartons auf der Fahrbahn zwischen … (Ausblende)

Off: Ansage 9
Sehr geehrte Fahrgäste, das Serviceteam im ICE „Wolfgang von Goethe" begrüßt Sie auf unserer Fahrt von München nach Frankfurt. Im Bordbistro erwartet Sie jetzt unser Küchenchef zum Mittagessen. Auf der Speisekarte stehen heute Rinderroulade mit Petersilienkartoffeln sowie kräftige Suppen und frische Salate.

Ansage 10
Passagier Gladstone, gebucht für Flug LH 409 nach Peking, bitte kommen Sie zum Lufthansa-Schalter in Abflughalle C. Passagier Gladstone, bitte dringend zum Lufthansa-Schalter.

Hören, Teil 3

Ansage 11
Hallo, Theo. Hier ist Eberhard. Wir wollen doch zusammen zur Hochzeitsfeier von Ulla und Heiko fahren. Ich möchte dich am Mittwoch gegen zehn Uhr abholen. Ist das in Ordnung? Bitte ruf möglichst schnell zurück und bestätige das.

Ansage 12
Hier ist die Praxis Dr. Schmelzer, Facharzt für innere Krankheiten. Wir machen Urlaub. Die Praxis ist vom 12. August bis zum 15. September geschlossen. Ab 16. September sind wir wieder für Sie da. In drin-

genden Fällen hilft Ihnen die Praxis Dr. Kohl, Meiningen, Schlossstraße 14, Telefon 03693 – 56 37 21. Vielen Dank für Ihr Verständnis.

Ansage 13
Hier ist der automatische Anrufbeantworter von Monika, Friedrich und Peter Wagner. Im Moment sind wir nicht zu Hause. Wir sind ein paar Tage verreist. Wir sind aber mobil unter der Nummer 0172-3828484 erreichbar. Oder Sie hinterlassen eine Nachricht nach dem Signalton. (Signalton)

Ansage 14
Hier ist Tirschmann, Kögel GmbH, Telefon Mannheim 32 78 Durchwahl 314. Wir möchten bei Ihnen eine Palette Kopierpapier bestellen. Ich weiß, ich rufe in der Mittagspause an, aber es ist dringend. Können Sie bitte heute Nachmittag Bescheid sagen, ob Sie spätestens morgen liefern können? Vielen Dank für Ihren Rückruf.

Ansage 15
Sie haben den Anschluss von CTM; null – vier – null – vier – drei – acht – sieben – zwo – sechs – eins gewählt. Unser Büro ist zurzeit leider nicht besetzt. Sie können uns von Montag bis Freitag zwischen 8.30 Uhr und 12.30 Uhr sowie zwischen 14.00 und 18.00 erreichen. Nach dem Signalton können Sie eine Nachricht hinterlassen. Wir rufen Sie dann so bald wie möglich zurück.

LÖSUNGEN

Hören   Lesen

Teil 1	Teil 2	Teil 3	Teil 1	Teil 2	Teil 3
1 C	7 richtig	11 A	1 richtig	6 A	11 falsch
2 B	8 falsch	12 C	2 falsch	7 B	12 richtig
3 A	9 falsch	13 B	3 falsch	8 B	13 richtig
4 B	10 richtig	14 B	4 richtig	9 A	14 falsch
5 C		15 C	5 falsch	10 A	15 richtig
6 C					

Schreiben

Teil 1

Name:	*Teubner* Vorname: *Irmela*
Familienstand:	*verheiratet*
Geburtsdatum:	*14.02.1973*
Geburtsort:	*Koblenz*
Einzugsdatum:	*01.05.2010*
neue Adresse:	*(68309) Mannheim*
	Suhler Weg Hausnr: *14*

Teil 2

Lösungsbeispiel:
(Absender)

Firma Hiller GmbH
Bahnhofstr. 10
50851 Köln

(Datum)

Installation Geschirrspül- und Waschmaschine

Sehr geehrte Damen und Herren,

am ... haben Sie die oben genannten Geräte geliefert. Bitte schließen Sie die Geräte an die Wasserversorgung an. Schicken Sie mir aber zuerst ein Angebot. Ich bestätige dann den Auftrag. Können Sie die Arbeiten am ... gegen ... Uhr machen? Bitte sagen Sie Bescheid.

Mit freundlichen Grüßen
(Unterschrift)